De la procrastinación al éxito

Autodisciplina con propósito

Descubre cómo mantener tu motivación con hábitos efectivos para alcanzar tus metas

R O N A L D   S.   D U C K S

Índice

Introducción

La autodisciplina es una de las habilidades más valiosas y menos comprendidas de nuestro tiempo. En una era donde la distracción es constante y la gratificación inmediata se ha vuelto la norma, encontrar la motivación para actuar en función de nuestras metas a largo plazo puede parecer un desafío insuperable. ¿Cuántas veces has dejado una tarea importante para después? ¿Cuántas metas te has propuesto solo para ver cómo la motivación se desvanece con el tiempo? Este libro, Autodisciplina con propósito, es una guía para aquellos que están listos para cambiar esa realidad y descubrir cómo transformar la autodisciplina en una herramienta poderosa para alcanzar el éxito en todas las áreas de su vida.

En estas páginas encontrarás más que simples estrategias de productividad. Este libro explora el concepto de autodisciplina desde sus raíces, enseñándote a entender las razones detrás de la procrastinación, a mantener la motivación y a construir hábitos efectivos que te acerquen a tus metas. Aprenderás que la autodisciplina no significa simplemente renunciar a los impulsos del momento; se trata de construir una identidad y una vida alineadas con tus valores y objetivos. La autodisciplina que te proponemos aquí es sostenible, consciente y, sobre todo, con propósito.

¿Por qué leer este libro?

Porque es una oportunidad para comprender cómo funciona realmente la autodisciplina y cómo aplicarla de manera práctica en tu día a día. A medida que avances en la lectura, descubrirás cómo vencer los patrones de procrastinación, implementar hábitos sólidos y gestionar el tiempo y el estrés de forma efectiva. Aprenderás a identificar tus distracciones y a construir un sistema personal de autocontrol que te permita tomar decisiones de manera estratégica, incluso en los momentos de mayor presión. Y todo esto, enfocado en ayudarte a conectar tus acciones diarias con un propósito claro y significativo.

Al concluir la lectura de este libro, tendrás una comprensión integral de los elementos que influyen en tu autodisciplina: desde el autoconocimiento hasta la formación de hábitos, la gestión de la motivación y el manejo del estrés. Aprenderás técnicas comprobadas que puedes aplicar de inmediato para mejorar tu vida y acercarte a tus metas con mayor confianza y claridad. Más que una lista de consejos, este libro es una invitación a una transformación personal, una oportunidad para construir una autodisciplina auténtica y efectiva que te permita vivir una vida llena de propósito y realización.

¡Bienvenido a Autodisciplina con propósito!

Prepárate para descubrir cómo esta habilidad puede convertirse en el motor que impulse todos tus sueños y aspiraciones.

Aquí comienza un viaje hacia el éxito y la satisfacción personal, sostenido en cada paso por una autodisciplina real, profunda y transformadora.

Capítulo 1: ¿Eres procrastinador?

"La disciplina es el puente entre metas y logros." — *Jim Rohn*

El primer paso es descubrir por qué tiendes a procrastinar y cómo este hábito puede estar frenando tu potencial en todas las áreas de tu vida. Luego, entenderemos qué significa realmente el éxito y por qué es esencial definirlo según tus propios valores y aspiraciones, en lugar de basarte en expectativas externas. Reflexionaremos juntos sobre el poder del autoconocimiento y cómo una autoimagen fuerte puede darte la claridad y el impulso necesarios para enfrentar cada día con determinación. Además, explorarás la ciencia detrás de la autodisciplina y cómo esta puede ayudarte a vencer la tentación de la gratificación inmediata.

Qué es el éxito para ti

Antes de definir si eres o no un procrastinador, es esencial que hagas una pausa y te cuestiones: ¿Qué es el éxito para ti? Vivimos en una sociedad que a menudo define el éxito con ideas que van desde lo económico hasta la notoriedad pública, pero esas visiones externas no siempre reflejan lo que realmente buscas en tu vida. La autodisciplina es mucho más poderosa cuando se orienta hacia un propósito personal, auténtico y significativo, y eso solo es posible cuando tienes claridad sobre qué significa el éxito para ti.

La búsqueda de éxito puede dividirse en muchas áreas: profesional, personal, espiritual, emocional, entre otras. Al saber lo que verdaderamente significa para ti, la motivación para alcanzarlo adquiere una dirección. Si tu concepto de éxito no está claro, podrías sentir que avanzas sin rumbo, y eso, eventualmente, lleva a la procrastinación. Procrastinamos cuando no vemos sentido en lo que hacemos; cuando tenemos objetivos poco definidos, nuestra mente opta por dejar las cosas para "después", pues no hay una recompensa emocional clara por alcanzarlas.

La búsqueda del éxito y su relación con la autodisciplina

Una vez que determines qué es el éxito para ti, estarás en una mejor posición para establecer metas con propósito. Tal vez, para ti el éxito significa alcanzar un equilibrio entre tu vida laboral y personal, o tal vez significa construir un legado a través de tus talentos y habilidades. Cualquiera que sea tu definición, la autodisciplina se convierte en la herramienta que te permitirá transformar esa visión en una realidad tangible. Cuando tus acciones diarias están alineadas con lo que realmente valoras, la disciplina deja de sentirse como una carga o un sacrificio, y se convierte en una extensión de tu propósito.

Imagina por un momento que decides que el éxito es alcanzar una carrera estable y gratificante. Para otros, esa estabilidad podría ser una prisión, mientras que para ti es sinónimo de paz y propósito. En este caso, tu autodisciplina se enfocará en cumplir con las metas que te llevarán a lograr esa estabilidad. La procrastinación pierde fuerza cuando tienes una visión clara, porque estás orientado hacia algo que te importa profundamente. Con cada paso en la dirección de tus objetivos, reafirmas tu compromiso con lo que has decidido como éxito.

El propósito como antídoto a la procrastinación

La procrastinación es a menudo una señal de que no estás convencido del valor de lo que persigues. Es más fácil retrasar acciones cuando lo que haces no resuena con tu propósito personal. Sin embargo, cuando sabes que cada tarea que realizas es un ladrillo en el camino hacia el éxito que tú definiste, la resistencia disminuye. Es entonces cuando puedes transformar la autodisciplina en un impulso que te motive a diario.

Los estudios en psicología motivacional sugieren que cuando tenemos metas que se alinean con nuestros valores personales, estamos más comprometidos y menos propensos a postergar nuestras responsabilidades. Un famoso estudio del psicólogo Edward Deci establece que las metas intrínsecas —aquellas que están conectadas con nuestras necesidades internas de crecimiento y conexión— generan mayor compromiso y persistencia que las metas extrínsecas, como el dinero o la fama. En otras palabras, cuando trabajas en algo que realmente te importa, tu autodisciplina florece de manera natural, pues estás conectado con el "por qué" detrás de cada esfuerzo.

Por lo tanto, pregúntate si el concepto de éxito que persigues hoy realmente viene de ti, o si es algo que has adoptado de las expectativas de la sociedad o de tu entorno. Este es un ejercicio profundo y, a veces, desafiante, pero esencial si quieres desarrollar una autodisciplina con propósito. La procrastinación disminuye cuando sabes que estás trabajando hacia algo que te llena y te da sentido, en lugar de simplemente cumplir con una idea de éxito impuesta desde fuera.

Definiendo tu éxito personal

Para identificar tu definición de éxito, puedes comenzar explorando preguntas como:

- ¿Qué es lo que realmente disfrutas hacer y te hace sentir pleno?
- ¿Qué valores deseas que estén presentes en tu vida diaria?
- ¿Qué cosas harías si supieras que no podrías fallar?
- ¿Qué legado quieres dejar?
- ¿Cómo imaginas tu vida ideal en cinco o diez años?

Responder estas preguntas puede ayudarte a aclarar si estás trabajando en lo que realmente importa para ti o si solo estás siguiendo un camino trazado por otros. El éxito no tiene una única definición, y puede cambiar y evolucionar con el tiempo. Lo importante es que lo que consideres como éxito hoy te inspire y te motive lo suficiente para mantenerte en marcha y evitar que la procrastinación se interponga.

La conexión entre autodisciplina y propósito

Esto lo analizaremos a profundidad en el Capítulo 3. Para que la autodisciplina funcione, necesitas un propósito concreto. Sin él, la autodisciplina se convierte en una tarea pesada, algo que solo haces para cumplir con las expectativas ajenas o para obtener una gratificación momentánea. Cuando desarrollas autodisciplina con propósito, cada acto de disciplina se convierte en un paso consciente y poderoso hacia lo que tú consideras éxito.

Piensa en la autodisciplina como una escalera: si el destino es incierto, cada escalón se siente incierto y puedes abandonar la escalada. Pero si sabes a dónde te diriges y por qué, la motivación para seguir adelante cobra sentido, porque estás comprometido con algo que vale la pena para ti. Esa visión del éxito propio es lo que te permitirá enfrentar la procrastinación y mantenerte motivado, incluso en momentos de duda.

Qué es la autodisciplina

La autodisciplina es la habilidad para tomar control consciente de tus decisiones, acciones y pensamientos, incluso cuando las circunstancias o tus emociones intentan desviarte de lo que sabes que es importante. Es la capacidad de seguir adelante con determinación y constancia hacia tus metas, sin depender exclusivamente de la motivación o el impulso del momento. La autodisciplina es la fuerza interna que te impulsa a actuar, a mantener el compromiso con lo que has decidido es valioso, incluso en los días difíciles.

En esencia, la autodisciplina es la habilidad que te permite actuar con propósito, guiando cada paso en la dirección que tú has definido, más allá de los impulsos o deseos momentáneos. Muchas personas creen que la autodisciplina es una fuerza de voluntad inquebrantable, pero en realidad, se trata de una habilidad que puede desarrollarse y fortalecerse con práctica, claridad y herramientas que te permitan sostener tu enfoque.

La autodisciplina como constructora de libertad

Aunque pueda sonar contradictorio, la autodisciplina es el camino hacia una vida con más libertad. Cuando eres disciplinado, tienes el control sobre tus decisiones y, en última instancia, sobre tu vida. En cambio, la falta de disciplina te deja vulnerable a la impulsividad, a las distracciones y a la influencia de factores externos que pueden alejarte de tus metas y de lo que realmente te importa.

Imagina que quieres mejorar tu salud física y decides comprometerte a una rutina de ejercicio. Si solo dependes de la motivación, seguramente habrá días en que te sientas con energía y otros en que, por cansancio o falta de ánimo, no quieras hacer ejercicio. Sin autodisciplina, es probable que dejes pasar esos días difíciles, debilitando tu compromiso y alejándote de tu meta. Sin embargo, si cultivas la autodisciplina, serás capaz de tomar el control de esas decisiones, cumpliendo con tu rutina no porque sea fácil, sino porque has decidido que es importante para ti.

La autodisciplina te permite establecer tus propias normas y seguirlas, lo cual te da libertad frente a las influencias externas. No eres prisionero de las emociones pasajeras ni de los impulsos, sino que actúas guiado por una intención clara. Este tipo de libertad, aunque exige esfuerzo, es la que realmente te permite avanzar hacia lo que deseas.

La autodisciplina frente a la motivación

La motivación es una herramienta valiosa, pero a menudo resulta temporal e impredecible. Puede impulsarte a comenzar algo con entusiasmo, pero muchas veces, conforme pasa el tiempo, esa energía inicial se desvanece. La autodisciplina, en cambio, es la base que te permite seguir adelante cuando la motivación fluctúa o desaparece por completo. Es el combustible de largo plazo que te ayuda a mantener el curso en esos días donde el entusiasmo brilla por su ausencia.

Piensa en la motivación como el viento que impulsa una vela: es útil cuando lo tienes, pero si desaparece, te quedas a la deriva. La autodisciplina, por otro lado, es como un motor constante que te permite avanzar, incluso cuando las condiciones externas no son favorables. La autodisciplina no depende de factores externos o emocionales; es una habilidad interna que puedes desarrollar y fortalecer a lo largo del tiempo, y que te permitirá mantenerte firme en el camino que has trazado hacia tus objetivos.

El estudio de la Universidad de Pensilvania, dirigido por Angela Duckworth, ha sido fundamental en la comprensión de la importancia de la autodisciplina en el logro de metas a largo plazo. Duckworth, reconocida por su investigación sobre la "grit" (que se puede traducir como "determinación" o "perseverancia"), plantea que el éxito en cualquier ámbito de la vida está determinado en gran medida por la capacidad de una persona para mantener el esfuerzo y la pasión hacia sus objetivos durante largos períodos de tiempo. Su investigación ha demostrado que esta determinación o "grit" es un predictor más confiable del éxito que el talento innato o el coeficiente intelectual (IQ).

Duckworth y su equipo de investigación estudiaron diversos grupos de personas, desde estudiantes de secundaria hasta cadetes militares en West Point, y concluyeron que la autodisciplina, más que cualquier otra variable, era el factor determinante de quién lograba sus objetivos y quién no. En uno de sus estudios más emblemáticos, Duckworth evaluó a estudiantes de secundaria, y los resultados revelaron que aquellos con mayor autodisciplina tenían mayores probabilidades de obtener calificaciones altas, independientemente de su talento natural o inteligencia. Este hallazgo desafió la creencia convencional de que el éxito académico estaba estrictamente relacionado con la inteligencia, y subrayó la importancia de la autodisciplina como un componente esencial para alcanzar el éxito.

La autodisciplina frente al talento y la inteligencia

El estudio de Duckworth pone en evidencia que, si bien el talento y la inteligencia son factores relevantes en el desempeño de una persona, su impacto es limitado sin la presencia de autodisciplina. Según Duckworth, la autodisciplina proporciona el marco necesario para que el talento y la inteligencia puedan manifestarse y desarrollarse de manera efectiva. Sin autodisciplina, es común que las personas con gran talento se detengan ante los primeros obstáculos o se distraigan en el camino. En contraste, aquellos que son disciplinados y perseverantes pueden superar sus limitaciones, aprender de los fracasos y ajustar sus estrategias para seguir avanzando.

La inteligencia y el talento son capacidades que suelen ser apreciadas y valoradas socialmente, pero la autodisciplina es la habilidad que permite transformar estas capacidades en logros concretos. Por ejemplo, una persona con habilidades naturales para el arte o la ciencia puede no alcanzar su máximo potencial si no es disciplinada para practicar y perfeccionar sus habilidades. La autodisciplina permite que el talento se refine y se vuelva útil, convirtiendo la habilidad natural en algo tangible y productivo. Como Duckworth destaca, la disciplina permite que cualquier persona, sin importar su nivel inicial de habilidad, logre resultados extraordinarios si está dispuesta a trabajar de forma constante y comprometida.

La "grit" y la autodisciplina como predictores de éxito

En su trabajo, Duckworth introduce el concepto de "grit", que define como la combinación de pasión y perseverancia para alcanzar objetivos a largo plazo. La "grit" es el compromiso con una meta a pesar de las dificultades, y es, en esencia, una manifestación de la autodisciplina. Según Duckworth, la "grit" tiene un impacto directo en el éxito de una persona, más allá del entusiasmo inicial o del talento innato. La "grit" implica mantener el esfuerzo y la dedicación, especialmente cuando la emoción inicial se ha desvanecido o cuando los obstáculos se vuelven más grandes.

En el estudio de Duckworth, aquellos individuos que mostraban mayores niveles de "grit" lograban avances significativos en sus metas a largo plazo, mientras que aquellos con menor autodisciplina se rendían con mayor frecuencia o se desviaban de sus objetivos originales. Duckworth y su equipo de investigación también encontraron que la autodisciplina permite a las personas desarrollar hábitos sostenibles y construir una mentalidad de resiliencia. La resiliencia, a su vez, es crucial para enfrentar los desafíos y mantener la motivación en el tiempo, incluso en circunstancias difíciles.

La autodisciplina como herramienta de éxito sostenible

Otro aspecto importante de la investigación de Duckworth es que la autodisciplina proporciona un camino hacia el éxito sostenible. Mientras que el talento puede brillar en momentos de oportunidad, la autodisciplina es lo que asegura que ese talento sea útil en el largo plazo. Duckworth señala que el éxito no se trata solo de momentos de gloria o de grandes logros, sino de la constancia y el compromiso diario con una meta. La autodisciplina permite que una persona desarrolle una mentalidad de crecimiento, en la que se ve a sí misma como capaz de mejorar y superar las adversidades.

Además, Duckworth enfatiza que la autodisciplina ayuda a evitar la trampa de la satisfacción instantánea. En una sociedad que fomenta la gratificación inmediata, la autodisciplina actúa como un contrapeso que permite enfocarse en los beneficios a largo plazo en lugar de caer en los placeres del momento. Esta habilidad para posponer la gratificación inmediata es esencial para alcanzar objetivos significativos y duraderos, ya que obliga a la persona a comprometerse con un esfuerzo consistente y a superar el deseo de resultados rápidos. En este sentido, la autodisciplina es una herramienta de éxito que promueve la paciencia, la resistencia y la dedicación a largo plazo.

La autodisciplina como un músculo

La autodisciplina también puede verse como un músculo que, al igual que cualquier otro, necesita entrenamiento para fortalecerse. Al principio, es posible que te cueste mucho esfuerzo mantenerte enfocado y cumplir con tus compromisos. Sin embargo, con la práctica, cada acto de autodisciplina hace que la próxima vez sea un poco más fácil. Esta analogía del músculo te invita a ver la autodisciplina no como una habilidad rígida o inalcanzable, sino como algo que puedes trabajar día a día.

El desarrollo de la autodisciplina no es lineal; habrá días en los que sientas que has dado un gran paso y otros en los que la tentación de procrastinar sea fuerte. Sin embargo, cada acto de disciplina que realices fortalece este "músculo" y refuerza tu capacidad para actuar con determinación, incluso cuando la situación es desafiante. Así, cada día que eliges la disciplina sobre la comodidad, te haces más resistente a la procrastinación y más habilidoso en mantener el control sobre tus elecciones.

Los beneficios de la autodisciplina

La autodisciplina no solo te acerca a tus objetivos, sino que también transforma la manera en que te percibes a ti mismo. Cuando logras mantener tus compromisos, desarrollas una confianza interna que te permite enfrentar otros desafíos con mayor seguridad. La autodisciplina construye en ti una autoimagen de alguien capaz, decidido y en control de su vida. Esto no solo influye en tus logros, sino en la relación que tienes contigo mismo y con los demás.

El éxito que obtienes gracias a la autodisciplina es una fuente de satisfacción que va más allá de las recompensas externas. Sentir que has cumplido contigo mismo es una gratificación profunda, y refuerza la motivación intrínseca que necesitas para seguir adelante. Además, cada meta alcanzada te recuerda que eres capaz de cumplir con tus promesas, lo cual alimenta una espiral positiva de confianza, éxito y más autodisciplina.

Además, la autodisciplina reduce la carga de estrés que proviene de no cumplir con tus objetivos. Cuando te disciplinas, reduces las consecuencias negativas de la procrastinación, como la acumulación de pendientes o la pérdida de oportunidades. Con el tiempo, esta práctica se traduce en una vida más equilibrada y en una mayor sensación de paz mental, porque sabes que, pase lo que pase, tienes el control sobre tus decisiones.

El poder del autoconocimiento

El autoconocimiento es el primer paso para comprender tus propias limitaciones, motivaciones, miedos y fortalezas, y es un componente esencial para transformar tu vida con autodisciplina. Sin autoconocimiento, la autodisciplina se convierte en una lucha constante, porque intentarás cumplir metas que no resuenan con tu verdadero yo o caerás en patrones de comportamiento que te sabotean de forma inconsciente.

El autoconocimiento te permite entender tus reacciones, tus desencadenantes emocionales y tus patrones de pensamiento, todo lo cual es esencial para construir hábitos que funcionen en lugar de estar en tu contra. Cuando sabes quién eres realmente, puedes tomar decisiones con mayor seguridad, establecer metas que te motiven y evitar los obstáculos internos que fomentan la procrastinación. En lugar de verte arrastrado por tus emociones, temores y dudas, aprendes a utilizarlos como herramientas de crecimiento.

Autoconocimiento y motivación interna

Muchos estudios en psicología motivacional muestran que cuando nuestras metas están alineadas con nuestro sentido interno de identidad, somos menos propensos a procrastinar. Esto es porque las metas que resuenan con quienes somos de verdad resultan en un compromiso más profundo y en una motivación más estable a largo plazo. La motivación intrínseca —aquella que surge del interior y se basa en valores personales— es mucho más poderosa y duradera que la motivación extrínseca, que proviene de recompensas o presiones externas.

El autoconocimiento permite que identifiques estas motivaciones profundas. Por ejemplo, si descubres que valoras profundamente la creatividad, podrás diseñar metas en las que puedas expresarla y construir autodisciplina para perfeccionar tus habilidades en ese campo. En cambio, si tus metas están basadas solo en lo que otros esperan de ti, es probable que experimentes una resistencia interna que te lleva a postergar esas tareas. Así, el autoconocimiento se convierte en un faro que guía cada una de tus decisiones y esfuerzos, acercándote a lo que realmente te importa.

Identificación de tus patrones de procrastinación

Un componente esencial del autoconocimiento es identificar tus patrones de procrastinación. Todos procrastinamos de distintas maneras y por diferentes razones. Algunas personas procrastinan porque sienten miedo al fracaso, mientras que otras postergan tareas porque temen el éxito y las responsabilidades que pueden venir con él. Hay quienes procrastinan debido a la baja autoestima o la falta de confianza en sus capacidades. Cada uno de estos patrones de procrastinación tiene raíces profundas en la psicología de cada persona y pueden ser muy distintos en cada individuo.

Observarte con honestidad y sin juzgarte te permitirá identificar estos patrones personales. Pregúntate: ¿por qué tiendes a procrastinar? ¿Es por miedo a no ser lo suficientemente bueno? ¿Es porque te sientes abrumado y no sabes por dónde comenzar? ¿O tal vez simplemente no has encontrado el valor real de ciertas tareas en tu vida? Al comprender estas razones, puedes empezar a desarrollar estrategias específicas para cada una de ellas, en lugar de intentar aplicar soluciones genéricas que no se ajusten a tus necesidades.

La importancia de la autorreflexión

El autoconocimiento es un proceso de autorreflexión constante. La autorreflexión te ayuda a observar tus pensamientos y emociones en lugar de ser controlado por ellos. Esto no significa eliminar las emociones negativas o los pensamientos críticos, sino aprender a manejarlos. La autorreflexión te permite tomar conciencia de cuándo estás procrastinando y por qué, lo cual es el primer paso para romper el ciclo de la procrastinación. En lugar de postergar tus tareas sin saber exactamente por qué, te vuelves capaz de identificar los momentos en los que estás cayendo en este patrón y de implementar técnicas para superarlo.

Este proceso de autorreflexión te invita a mirar más allá de las superficies de tus decisiones y a comprender el "por qué" detrás de cada acción. Cada vez que te encuentras en una situación que te lleva a procrastinar, la autorreflexión te permite identificar las emociones o pensamientos subyacentes y desmantelar su poder. En lugar de dejarte llevar por el impulso de postergar, puedes reconocer el pensamiento o la emoción, analizarla y tomar la decisión consciente de actuar de acuerdo con tus metas.

Autoconocimiento y la identificación de tus fortalezas

Una de las ventajas más importantes del autoconocimiento es que te ayuda a reconocer tus fortalezas y aprender a utilizarlas en tu favor. Cada persona tiene habilidades y talentos únicos, pero muchos pasan desapercibidos, sobre todo cuando no tenemos plena conciencia de quiénes somos. Al saber cuáles son tus fortalezas, puedes aprovecharlas para afrontar tareas y proyectos que de otro modo podrías evitar. Con este conocimiento, es posible que logres ver la autodisciplina no solo como una herramienta de control, sino como una forma de maximizar tu propio potencial.

Por ejemplo, tal vez tienes una gran capacidad de planificación, pero no te sientes seguro en la ejecución de tareas técnicas. Este autoconocimiento te permitirá estructurar tus actividades de una forma en la que tus habilidades de planificación sean la base para mejorar tus áreas de oportunidad. En lugar de ver tus debilidades como obstáculos, puedes abordarlas estratégicamente, aprovechando lo que ya sabes hacer bien para facilitar la ejecución de esas tareas que te resultan difíciles.

Autoconocimiento y el establecimiento de metas auténticas

Establecer metas auténticas y alcanzables es esencial para desarrollar una autodisciplina sostenible. El autoconocimiento te permite plantearte metas realistas que no solo estén alineadas con tus capacidades, sino también con tus valores y aspiraciones personales. Esto reduce el riesgo de sabotearte a ti mismo con metas inalcanzables que solo terminan fomentando la procrastinación. Cuando tus metas reflejan lo que realmente quieres, tienes un incentivo real para trabajar en ellas y superarte.

Muchas veces, la procrastinación surge porque las metas son tan grandes o abstractas que parecen imposibles de alcanzar. A través del autoconocimiento, puedes descomponer esas metas en objetivos más pequeños y manejables, adaptados a tu nivel de habilidades y tus circunstancias actuales. Con metas claras y progresivas, la procrastinación pierde fuerza, ya que el proceso de avanzar hacia ellas se vuelve realista y accesible.

La autocompasión como componente del autoconocimiento

Es importante recordar que el autoconocimiento también implica ser compasivo contigo mismo. La autodisciplina sin autocompasión puede convertirse en una herramienta de autocastigo en lugar de un medio para el crecimiento personal. La autocompasión te permite reconocer tus errores y tus limitaciones sin caer en el juicio negativo. Cuando eres consciente de tus debilidades, es natural que a veces te sientas frustrado o decepcionado, pero la autocompasión te ayuda a recordar que los errores son parte del proceso de aprendizaje.

La autocompasión es particularmente útil cuando se trata de vencer la procrastinación. En lugar de criticarte cuando no logras completar una tarea a tiempo o cuando caes en el hábito de postergar, puedes practicar la autocompasión para analizar la situación de manera objetiva y encontrar soluciones. Al reconocer tus limitaciones con empatía, eres capaz de continuar con tu camino de crecimiento sin sentirte atrapado por la culpa o la vergüenza.

Por qué procrastinamos

La procrastinación es uno de los comportamientos más comunes y frustrantes cuando se trata de alcanzar metas personales y profesionales. Es la tendencia a posponer tareas importantes, a menudo hasta que estamos bajo una intensa presión de tiempo o incluso hasta que es demasiado tarde. Si bien la procrastinación puede parecer simplemente una falta de organización o un mal hábito, sus raíces son mucho más profundas y complejas. Comprender por qué procrastinamos es un primer paso crucial para superarla y construir una autodisciplina que nos permita avanzar hacia nuestros objetivos sin constantes retrasos.

La procrastinación no se trata solo de una falta de motivación o de una inclinación hacia la pereza. Se trata de una reacción psicológica y emocional ante tareas que nos generan incomodidad, ansiedad o incluso miedo. Al comprender las razones por las que procrastinamos, podemos identificar patrones y desarrollar estrategias efectivas para reducir este hábito, permitiéndonos asumir el control de nuestro tiempo y esfuerzo.

La procrastinación como una respuesta emocional

La procrastinación es, en gran medida, una respuesta emocional. Cuando enfrentamos una tarea que nos resulta incómoda o abrumadora, nuestra mente busca una forma de evitar ese malestar, y la procrastinación aparece como una solución temporal. Este proceso es conocido en psicología como "regulación emocional". En lugar de enfrentar la incomodidad que nos produce una tarea específica, encontramos alivio inmediato al evitarla o posponerla. En el corto plazo, la procrastinación puede darnos una sensación momentánea de alivio o de calma, pero a largo plazo suele generar estrés, culpa y ansiedad al ver que las tareas pendientes se acumulan.

Por ejemplo, si tienes una presentación importante en el trabajo y temes no hacerla bien, puedes procrastinar en su preparación. Este comportamiento se debe a la incomodidad o ansiedad asociada con el miedo al fracaso o al juicio de los demás. Evitar la tarea reduce la incomodidad en el momento, pero, inevitablemente, esta vuelve con mayor intensidad a medida que se acerca la fecha límite. La procrastinación se convierte entonces en un círculo vicioso donde el alivio temporal refuerza el hábito de posponer, llevándonos a postergar una y otra vez las tareas que nos generan emociones negativas.

El miedo al fracaso y el perfeccionismo

Uno de los factores más comunes detrás de la procrastinación es el miedo al fracaso. Cuando sentimos que una tarea puede exponer nuestras debilidades o deficiencias, nuestra reacción natural es evitarla. Esto es especialmente cierto para personas con tendencia al perfeccionismo, quienes temen no poder cumplir con sus altos estándares de calidad o temor al juicio de los demás. El perfeccionismo puede hacer que cada tarea parezca más grande y más difícil de lo que realmente es, creando una sensación de paralización que nos lleva a posponerla una y otra vez.

El perfeccionismo crea una mentalidad de "todo o nada": si no podemos hacer algo perfectamente, preferimos no hacerlo en absoluto. Esta rigidez en la forma de pensar aumenta la probabilidad de procrastinación, ya que cada vez que nos enfrentamos a una tarea, nos abruma la idea de cumplir con esos estándares inalcanzables. En lugar de arriesgarnos a no cumplir con nuestras propias expectativas (o con las de los demás), preferimos no intentarlo, posponiendo las acciones necesarias y quedándonos en un estado de estancamiento.

La falta de claridad y metas mal definidas

La procrastinación también suele surgir cuando no tenemos claridad sobre nuestros objetivos o cuando nuestras metas son demasiado abstractas. La mente humana tiende a evitar las tareas que son ambiguas o carecen de una estructura clara. Cuando no sabemos por dónde empezar, o cuando los pasos para alcanzar una meta parecen confusos, nuestra mente opta por evitar la tarea en lugar de lidiar con la incomodidad de la incertidumbre.

Por ejemplo, si tu objetivo es "mejorar tu salud", pero no tienes una estrategia clara para lograrlo, es probable que procrastines. Esta falta de claridad puede hacer que la meta se sienta abrumadora y difícil de alcanzar, lo que nos lleva a posponer las acciones necesarias. La claridad y la concreción en los objetivos ayudan a reducir la procrastinación al proporcionar una dirección y un enfoque, haciendo que cada paso sea más manejable y menos intimidante.

La preferencia por la gratificación inmediata

La naturaleza humana tiene una inclinación hacia la gratificación inmediata, y este es uno de los principales obstáculos para desarrollar la autodisciplina. El cerebro humano está diseñado para buscar recompensas rápidas y fáciles, una tendencia que ha sido estudiada ampliamente en neurociencia. Cuando procrastinamos, a menudo optamos por una actividad que nos proporciona una satisfacción instantánea en lugar de una tarea que requiere esfuerzo pero nos brindará beneficios a largo plazo.

La gratificación inmediata se presenta en muchas formas: navegar en redes sociales, ver una serie de televisión o dedicar tiempo a tareas triviales que nos dan una sensación temporal de satisfacción. Al hacerlo, evitamos tareas más complejas o importantes que nos exigen mayor concentración o esfuerzo. Este comportamiento tiene una base neurológica: cada vez que optamos por una recompensa inmediata, el cerebro libera dopamina, una sustancia química asociada con el placer y la recompensa. La dopamina refuerza este comportamiento, creando un ciclo donde preferimos constantemente actividades que nos dan placer inmediato, en lugar de aquellas que nos llevarán hacia nuestras metas.

La sobreestimación de nuestras habilidades para el futuro

La procrastinación también se relaciona con un sesgo psicológico conocido como "el yo futuro". Muchas veces, posponemos tareas porque creemos, de manera poco realista, que en el futuro tendremos más tiempo, más energía o una mayor capacidad para realizarlas. Este sesgo nos hace pensar que nuestro "yo del futuro" será más capaz o estará en mejores condiciones para afrontar las tareas que hoy nos resultan pesadas. Sin embargo, cuando ese futuro llega, descubrimos que la situación es la misma, y la tarea sigue siendo igual de difícil o incómoda, lo que perpetúa el ciclo de procrastinación.

Este fenómeno ocurre porque subestimamos la dificultad de la tarea en el presente y sobrestimamos nuestras habilidades para afrontarla en el futuro. Nos decimos que "mañana" o "la próxima semana" tendremos más disposición, lo cual genera una falsa sensación de alivio en el momento, pero contribuye a la acumulación de pendientes y al aumento del estrés. La procrastinación se convierte en una estrategia para posponer la incomodidad, pero no resuelve el problema en sí.

El estrés y la saturación mental

El estrés y la saturación mental también juegan un papel importante en la procrastinación. Cuando estamos bajo presión o enfrentamos demasiadas responsabilidades, nuestra mente se siente abrumada, lo que nos lleva a evitar las tareas más demandantes o a postergarlas indefinidamente. En estos casos, la procrastinación se convierte en una forma de escape temporal ante la sensación de sobrecarga. Es como si la mente buscara un respiro frente a las exigencias y los compromisos que sentimos que no podemos cumplir.

Este tipo de procrastinación es especialmente común en personas que tienen múltiples responsabilidades y no gestionan adecuadamente su tiempo. Al final, el estrés solo se incrementa, pues el tiempo para completar las tareas disminuye y la presión aumenta. La procrastinación alimentada por el estrés es un ciclo que muchas personas enfrentan sin darse cuenta de que, en realidad, la solución radica en aprender a gestionar sus emociones y su tiempo.

La ciencia sobre la autodisciplina

La autodisciplina es mucho más que una cualidad de carácter; es un proceso complejo que involucra una serie de respuestas en el cerebro, influencias hormonales y patrones neuronales. La ciencia de la autodisciplina revela que el cerebro y el sistema endocrino juegan un papel crucial en nuestra capacidad para controlar impulsos, resistir tentaciones y enfocarnos en metas a largo plazo. Comprender cómo funcionan estos procesos en el cerebro puede ser una herramienta poderosa para desarrollar y fortalecer nuestra autodisciplina de manera consciente.

Este conocimiento te ayudará a entender que la autodisciplina no es una cualidad innata o estática, sino una habilidad que puede desarrollarse con práctica y comprensión del funcionamiento cerebral.

La dopamina: la hormona del placer y su relación con la autodisciplina

La dopamina es una hormona y neurotransmisor conocido por su papel en el sistema de recompensas del cerebro. Se libera cada vez que realizamos actividades placenteras, como comer, socializar o hacer ejercicio, y es responsable de la sensación de satisfacción que experimentamos. Sin embargo, en el contexto de la autodisciplina, la dopamina juega un papel doble: si bien es esencial para mantenernos motivados y comprometidos, también puede hacer que caigamos en la tentación de recompensas inmediatas, las cuales muchas veces conducen a la procrastinación.

Cuando nos enfocamos en metas a largo plazo que no proporcionan una recompensa inmediata, nuestro cerebro libera menos dopamina en comparación con actividades que tienen una gratificación instantánea, como revisar redes sociales o ver televisión. Esto crea un desafío, ya que el cerebro siempre busca maximizar la dopamina, llevándonos a preferir actividades que generan placer inmediato y, en consecuencia, dificultando el desarrollo de la autodisciplina.

Sin embargo, cuando somos autodisciplinados, podemos aprender a generar placer y satisfacción en el proceso de avanzar hacia nuestras metas, incluso si la recompensa no es inmediata. Estudios demuestran que, a medida que repetimos conductas autodisciplinadas, el cerebro comienza a liberar dopamina en respuesta a estas actividades, lo cual facilita que se conviertan en un hábito. La autodisciplina, entonces, no solo se basa en resistir la tentación de recompensas inmediatas, sino también en entrenar al cerebro para asociar satisfacción con los logros a largo plazo.

La corteza prefrontal: el centro de control de la autodisciplina

La corteza prefrontal es la región del cerebro situada en la parte frontal de cada hemisferio y es la responsable de las funciones ejecutivas, como la toma de decisiones, el control de impulsos, la planificación y la regulación emocional. Es, en esencia, el centro de control de la autodisciplina. Esta región del cerebro es la que permite evaluar los pros y los contras de cada decisión y elegir la mejor acción en función de nuestros objetivos a largo plazo, en lugar de dejarnos llevar por impulsos o deseos pasajeros.

La corteza prefrontal es particularmente crucial en el autocontrol, que es un componente esencial de la autodisciplina. Cuando enfrentamos la tentación de procrastinar o de posponer una tarea importante, es la corteza prefrontal la que interviene para ayudarnos a regular ese impulso y mantenernos enfocados en nuestras metas. Sin embargo, este es un proceso que consume energía mental. Estudios neurológicos muestran que la corteza prefrontal puede "fatigarse" con el tiempo, lo cual explica por qué es más fácil resistir tentaciones a primera hora del día que al final de la jornada, cuando nuestras reservas de autocontrol están agotadas.

Es importante destacar que, aunque todos poseemos una corteza prefrontal, la fortaleza de esta región varía entre individuos y puede entrenarse. A través de prácticas constantes y desafiantes que nos exijan autocontrol, podemos fortalecer la actividad de la corteza prefrontal y, por ende, mejorar nuestra autodisciplina.

La amígdala: el centro emocional y la lucha contra la procrastinación

La amígdala es otra región del cerebro involucrada en la autodisciplina, especialmente en lo que respecta a la procrastinación. Situada en el sistema límbico, la amígdala es responsable de las respuestas emocionales, como el miedo, la ansiedad y el estrés. Cuando nos enfrentamos a una tarea que nos resulta desagradable, estresante o intimidante, la amígdala activa estas emociones, lo cual puede llevarnos a evitar la tarea y a procrastinar.

Para desarrollar autodisciplina, es esencial aprender a manejar la influencia de la amígdala, especialmente en situaciones de estrés o incomodidad. Una forma de lograr esto es a través de técnicas de regulación emocional, como la meditación, la respiración profunda o la reestructuración cognitiva, las cuales ayudan a reducir la reactividad de la amígdala y a fortalecer el control de la corteza prefrontal sobre las respuestas emocionales. Cuando logramos regular la respuesta de la amígdala, podemos enfrentar tareas difíciles sin sentir la necesidad de evitarlas o de postergarlas, fortaleciendo así nuestra autodisciplina.

Conectividad mejorada y mayor autocontrol

En un estudio del Instituto Max Planck, los investigadores observaron que las personas con altos niveles de autodisciplina mostraban una mayor conectividad entre la corteza prefrontal y la amígdala en comparación con aquellos que tendían a ser más impulsivos o a procrastinar. Esta conectividad mejorada permitía a los individuos autodisciplinados regular sus emociones de manera más efectiva, especialmente en situaciones de estrés o tentación.

La mayor conectividad entre la corteza prefrontal y la amígdala significa que la corteza prefrontal puede ejercer un mayor control sobre las respuestas emocionales. En momentos en los que enfrentamos decisiones difíciles o tentaciones que podrían alejarnos de nuestras metas, la amígdala tiende a activar respuestas emocionales, como el miedo al fracaso o el deseo de gratificación inmediata. Sin embargo, en personas con una conexión fortalecida entre ambas regiones, la corteza prefrontal interviene de manera más efectiva, evaluando racionalmente la situación y reduciendo la influencia de estas respuestas emocionales en la toma de decisiones.

Este hallazgo es crucial, ya que revela que la autodisciplina no es solo una cuestión de "fuerza de voluntad" o un rasgo de personalidad, sino que está profundamente enraizada en la conectividad y el funcionamiento de ciertas áreas del cerebro. Además, estos resultados sugieren que la autodisciplina puede ser, hasta cierto punto, entrenada o fortalecida mediante prácticas que aumenten la conectividad cerebral entre la corteza prefrontal y la amígdala.

Cómo se desarrolla la autodisciplina a través de la conectividad cerebral

La investigación sugiere que ciertos ejercicios y prácticas pueden ayudar a mejorar la conectividad entre la corteza prefrontal y la amígdala, lo cual puede fortalecer nuestra autodisciplina.

Estas prácticas incluyen la meditación, el mindfulness, y otras técnicas de regulación emocional que ayudan a reducir la reactividad emocional y mejorar el autocontrol.

Meditación y mindfulness: Estos ejercicios han demostrado ser particularmente efectivos para fortalecer la corteza prefrontal y su capacidad de regular la amígdala. Estudios en neurociencia han encontrado que quienes practican la meditación y el mindfulness de manera regular experimentan un aumento en la densidad de materia gris en la corteza prefrontal. Esto se traduce en una mejor capacidad de manejar el estrés y las emociones intensas, lo cual es fundamental para tomar decisiones más alineadas con metas a largo plazo.

Técnicas de respiración y regulación emocional: Estas prácticas ayudan a disminuir la respuesta de la amígdala en momentos de alta carga emocional. Las técnicas de respiración profunda y la regulación emocional consciente son herramientas que pueden usarse en momentos de tentación o estrés para activar la corteza prefrontal y reducir la actividad en la amígdala, lo cual permite que las decisiones se tomen desde una perspectiva más calmada y racional.

Entrenamiento de autocontrol y establecimiento de hábitos: La repetición de actos de autocontrol puede fortalecer las conexiones neuronales en el cerebro, lo cual facilita que la corteza prefrontal asuma un rol dominante en la regulación de impulsos. A medida que practicamos la autodisciplina a diario, incluso en tareas pequeñas, creamos una base neurológica que facilita que este comportamiento se vuelva automático con el tiempo.

El impacto de la conectividad en la perseverancia y el logro de metas

La conectividad mejorada entre la corteza prefrontal y la amígdala no solo permite una mejor regulación emocional, sino que también fomenta la perseverancia. Las personas con alta autodisciplina pueden mantener su enfoque y compromiso hacia sus metas a largo plazo, incluso cuando enfrentan distracciones, tentaciones o momentos de desmotivación.

Esto se debe a que el cerebro de una persona autodisciplinada es capaz de procesar las tentaciones como menos atractivas, ya que evalúa el impacto a largo plazo en lugar de enfocarse en la gratificación inmediata.

La investigación ha demostrado que esta capacidad de resistencia a la tentación y al impulso también está relacionada con una mejor salud física y mental. Las personas con alta autodisciplina tienen menos probabilidades de caer en comportamientos autodestructivos, como el abuso de sustancias o la impulsividad en las decisiones financieras. Esta resiliencia se traduce en una mayor calidad de vida y en la capacidad de alcanzar metas más elevadas y significativas.

Cómo funciona el cerebro cuando estamos empezando a ser autodisciplinados

Al comenzar a desarrollar la autodisciplina, el cerebro atraviesa un proceso de adaptación desafiante. La corteza prefrontal, responsable de la toma de decisiones, el autocontrol y la planificación, se encuentra en el centro de este proceso. Esta región cerebral es fundamental para resistir impulsos inmediatos y dirigir nuestra energía hacia metas a largo plazo. Sin embargo, en las primeras etapas de la autodisciplina, la corteza prefrontal debe realizar un esfuerzo significativo para contrarrestar los impulsos del sistema límbico, una región del cerebro enfocada en satisfacer deseos inmediatos y en evitar el dolor o la incomodidad. Este conflicto inicial entre la corteza prefrontal y el sistema límbico es lo que hace que la autodisciplina sea tan difícil al principio. La corteza prefrontal debe realizar un trabajo "extra" para resistir impulsos que, naturalmente, buscarían la gratificación instantánea.

La estructura del cerebro no está acostumbrada a regular los deseos de manera consciente, especialmente en situaciones donde existe una recompensa fácil e inmediata. Como resultado, esta resistencia inicial genera una sensación de incomodidad y agotamiento mental que es uno de los principales obstáculos al empezar a desarrollar la autodisciplina.

La batalla entre la corteza prefrontal y el sistema límbico

Cuando se intenta implementar la autodisciplina, la corteza prefrontal y el sistema límbico compiten por el control de nuestras decisiones. El sistema límbico, que incluye la amígdala y otras áreas relacionadas con las emociones y la gratificación inmediata, está diseñado para motivarnos a evitar el dolor y a buscar el placer, impulsándonos a satisfacer necesidades inmediatas. Esta estructura primitiva del cerebro, en términos evolutivos, ha sido vital para la supervivencia, ya que nos impulsaba a buscar alimentos, seguridad y confort sin demoras.

Sin embargo, en la vida moderna, donde la mayoría de nuestras metas requieren paciencia, esfuerzo y consistencia, el impulso del sistema límbico puede ser contraproducente. La corteza prefrontal debe imponerse al sistema límbico para evitar que estos deseos inmediatos saboteen nuestras metas a largo plazo. En este proceso, la corteza prefrontal trabaja intensamente para suprimir los impulsos generados por el sistema límbico, creando una resistencia que requiere mucha energía mental. Esta resistencia se traduce en fatiga y, muchas veces, en incomodidad, lo que hace que mantener la autodisciplina sea especialmente desafiante al principio.

La incomodidad inicial y la fatiga de decisión

El fenómeno conocido como "fatiga de decisión" es otro factor que dificulta la autodisciplina en las primeras etapas. Cada vez que la corteza prefrontal debe intervenir para resistir una tentación o tomar una decisión consciente, consume energía mental. Esta demanda de energía es particularmente elevada cuando aún no tenemos un hábito establecido y cada decisión requiere un esfuerzo consciente.

A medida que repetimos actos autodisciplinados, como resistir la tentación de revisar el teléfono mientras trabajamos o decir "no" a un alimento poco saludable, la corteza prefrontal experimenta un desgaste que se acumula durante el día.

La fatiga de decisión es una de las razones por las cuales es más fácil resistir tentaciones y tomar decisiones disciplinadas por la mañana que al final del día, cuando hemos agotado buena parte de nuestra energía mental. Al comenzar a desarrollar la autodisciplina, es común que este esfuerzo consciente resulte tan agotador que muchas personas abandonan antes de que se convierta en un hábito. Sin embargo, esta incomodidad y agotamiento inicial son temporales y forman parte del proceso de adaptación del cerebro.

Neuroplasticidad: la adaptación del cerebro a la autodisciplina

La buena noticia es que el cerebro es plástico, lo que significa que es capaz de reorganizarse y adaptarse a nuevas experiencias a través de la repetición. Este proceso de adaptación se conoce como neuroplasticidad, y es clave para desarrollar la autodisciplina. Cada vez que resistimos un impulso o tomamos una decisión consciente alineada con nuestras metas, el cerebro refuerza las conexiones neuronales en la corteza prefrontal, haciendo que estas conexiones se vuelvan más fuertes y más eficientes con el tiempo.

Cuando repetimos actos autodisciplinados, como levantarnos temprano para hacer ejercicio o completar una tarea sin distracciones, estamos literalmente "reconfigurando" nuestro cerebro.

Estas conexiones neuronales fortalecidas facilitan la regulación de impulsos y la toma de decisiones conscientes, haciendo que la autodisciplina requiera menos esfuerzo con el tiempo. En otras palabras, cada vez que ejercemos la autodisciplina, estamos entrenando al cerebro para que el comportamiento disciplinado sea cada vez más automático.

La dopamina y la creación de circuitos de recompensa

Uno de los elementos cruciales en las etapas iniciales de la autodisciplina es la dopamina, el neurotransmisor asociado con el placer y la recompensa. En las primeras etapas, el cerebro no experimenta gratificación inmediata al cumplir con tareas autodisciplinadas, ya que estas no generan la misma liberación de dopamina que actividades placenteras y de recompensa rápida, como revisar el teléfono, ver televisión o consumir alimentos poco saludables.

Sin embargo, a medida que comenzamos a alcanzar metas intermedias y pequeños logros en nuestro camino hacia objetivos más grandes, el cerebro comienza a liberar dopamina en respuesta a estos logros. Este proceso ayuda a crear un circuito de recompensa asociado con la autodisciplina. Al experimentar una dosis de satisfacción cada vez que cumplimos con una meta, el cerebro empieza a relacionar el avance disciplinado con una recompensa, lo cual facilita que estos actos se vuelvan más atractivos y menos agotadores.

Este cambio gradual en el sistema de recompensas permite que la autodisciplina, al principio una tarea incómoda y difícil, se vuelva una fuente de satisfacción.

Cada vez que alcanzamos una meta intermedia y experimentamos una sensación de logro, el cerebro refuerza el valor de la autodisciplina. Así, lo que comenzó como un esfuerzo consciente y agotador se convierte en una respuesta automática y placentera, y las tareas difíciles pasan a ser menos costosas mentalmente.

Estrategias para facilitar la autodisciplina en las etapas iniciales

Sabiendo que la autodisciplina es particularmente desafiante al principio, existen algunas estrategias basadas en la neurociencia que pueden ayudar a facilitar este proceso de adaptación en el cerebro:

- **Establecimiento de metas pequeñas y alcanzables**: Las metas grandes pueden resultar abrumadoras y generar resistencia, especialmente en las primeras etapas. Dividir una meta mayor en tareas pequeñas y manejables facilita que el cerebro experimente pequeños logros que liberan dopamina, reforzando así el circuito de recompensa y creando un sentido de avance.
- **Reforzamiento positivo**: La autocomplacencia, como recompensarse por completar tareas difíciles o tomar descansos programados, ayuda a asociar la autodisciplina con el placer, facilitando la creación de circuitos de recompensa en el cerebro. Esto permite que las tareas que inicialmente eran incómodas se vuelvan más satisfactorias con el tiempo.

- **Optimización del entorno**: Minimizar las distracciones y las tentaciones reduce la cantidad de decisiones que el cerebro debe tomar para mantener la autodisciplina. Por ejemplo, si intentas concentrarte en una tarea, puedes evitar tener el teléfono a la vista. De esta manera, reduces la frecuencia con la que la corteza prefrontal necesita intervenir, preservando su energía y haciendo que el proceso sea menos agotador.

- **Prácticas de mindfulness y meditación**: Estas prácticas mejoran la capacidad de la corteza prefrontal para regular las emociones y los impulsos del sistema límbico, facilitando la toma de decisiones conscientes. La meditación y el mindfulness fortalecen las conexiones neuronales en la corteza prefrontal, haciendo que el autocontrol sea más fácil de sostener a largo plazo.

- **Descanso adecuado**: Dado que el autocontrol consume energía mental, asegurarse de descansar y dormir bien ayuda a recargar la corteza prefrontal, facilitando la autodisciplina al día siguiente. La falta de sueño reduce la efectividad de la corteza prefrontal, debilitando su capacidad para regular los impulsos.

La adaptación del cerebro a la autodisciplina

A medida que practicamos la autodisciplina de manera constante, el cerebro comienza a adaptarse a estos comportamientos y a hacerlos más automáticos. Como lo hemos analizado anteriormente, este proceso se conoce como "neuroplasticidad", que es la capacidad del cerebro para reorganizarse y fortalecer las conexiones neuronales en respuesta a la experiencia y la repetición.

Cuando repetimos actos de autodisciplina, como completar tareas a tiempo o resistir distracciones, el cerebro fortalece las conexiones en la corteza prefrontal y mejora la capacidad para regular las emociones y los impulsos.

La repetición de comportamientos autodisciplinados no solo fortalece la corteza prefrontal, sino que también cambia la estructura de las conexiones neuronales. Con el tiempo, el esfuerzo requerido para ejercer la autodisciplina disminuye, ya que el cerebro ha creado un "camino" neuronal que facilita estos comportamientos. Este proceso es similar al entrenamiento físico: al igual que un músculo se fortalece con el ejercicio constante, la corteza prefrontal se vuelve más eficiente al practicar la autodisciplina.

Además, la neuroplasticidad facilita que el cerebro responda con mayor rapidez a las decisiones alineadas con nuestras metas a largo plazo. Así, el cerebro, en lugar de resistir el esfuerzo de ser autodisciplinado, se vuelve más inclinado a responder con acciones que beneficien a nuestros objetivos. La autodisciplina deja de ser una lucha constante y se convierte en una respuesta natural, haciendo que logremos progresar en nuestras metas de manera más fluida y sin tanta resistencia.

La gratificación diferida y su impacto en la autodisciplina

La capacidad de diferir la gratificación es otro aspecto fundamental del funcionamiento cerebral en personas autodisciplinadas. Diferir la gratificación significa posponer una recompensa inmediata en favor de una recompensa mayor en el futuro. Esta habilidad depende en gran medida del funcionamiento de la corteza prefrontal, que evalúa el beneficio a largo plazo de resistir la gratificación inmediata.

La gratificación diferida es clave para mantener el enfoque en metas que no ofrecen una recompensa inmediata.

Los estudios han mostrado que las personas con mayor autodisciplina tienen una corteza prefrontal más activa en situaciones en las que deben resistir una tentación a corto plazo para obtener una recompensa más grande a largo plazo. Este tipo de control sobre las recompensas inmediatas permite que las personas autodisciplinadas se enfoquen en tareas que contribuyen al logro de objetivos a largo plazo, reduciendo la tendencia a la procrastinación y fortaleciendo su compromiso con el proceso.

El poder de la autoimagen

La autoimagen, o la percepción que tenemos de nosotros mismos, juega un papel crucial en la autodisciplina y en nuestra capacidad para evitar la procrastinación. Es más que simplemente una serie de pensamientos o creencias; es una estructura mental que define cómo nos percibimos en relación con nuestras capacidades, valores y metas. La autoimagen funciona como una guía interna que influye en nuestras acciones diarias y determina si nos acercamos o alejamos de nuestras metas.

Cuando la autoimagen está alineada con una versión disciplinada y comprometida de nosotros mismos, es más fácil evitar la procrastinación, pues nuestras acciones son congruentes con quién creemos ser. Sin embargo, si nuestra autoimagen está llena de dudas, inseguridades o creencias limitantes, es probable que caigamos en la procrastinación. Al adoptar una autoimagen que se corresponda con la persona que deseamos ser —alguien disciplinado, enfocado y comprometido—, facilitamos el desarrollo de hábitos autodisciplinados y reducimos la tendencia a postergar.

La autoimagen como un reflejo de nuestras creencias internas

Nuestra autoimagen es el resultado de creencias internas que hemos desarrollado a lo largo de nuestra vida. Estas creencias surgen de nuestras experiencias, del entorno en el que crecimos y de las personas que influyeron en nosotros. Si nuestras experiencias pasadas nos llevaron a desarrollar una autoimagen de alguien competente, confiado y capaz de enfrentar desafíos, es probable que adoptemos una actitud más disciplinada y evitemos la procrastinación. Sin embargo, si la autoimagen que tenemos de nosotros mismos está dominada por pensamientos de duda o de falta de control, la procrastinación se vuelve una salida común ante las dificultades o tareas exigentes.

Por ejemplo, una persona que se percibe a sí misma como alguien "poco organizado" o "perezoso" tiende a justificar la procrastinación y a evitar comportamientos disciplinados. Esta autoimagen se convierte en una profecía autocumplida: al identificarse como alguien sin capacidad de organización, evita tomar el control de su tiempo, dejando las tareas para "después" y fortaleciendo aún más esa autoimagen negativa. En cambio, quienes tienen una autoimagen positiva, alineada con el esfuerzo y la responsabilidad, son más propensos a tomar decisiones autodisciplinadas y a actuar con propósito.

Cómo la autoimagen influye en la autodisciplina

La autodisciplina depende en gran medida de nuestra capacidad para vernos a nosotros mismos como individuos capaces de actuar con control y responsabilidad. Si nuestra autoimagen nos dice que somos personas comprometidas y disciplinadas, es más probable que actuemos de acuerdo con esa percepción, resistiendo la procrastinación y completando las tareas que nos hemos propuesto. Esta congruencia entre la autoimagen y la conducta fortalece el ciclo de la autodisciplina:

cada vez que cumplimos con nuestros compromisos, reforzamos la imagen de que somos personas confiables y disciplinadas, lo cual hace que, a su vez, sea más fácil seguir actuando de esa manera.

La psicología sugiere que nuestras conductas tienden a alinearse con la forma en que nos vemos a nosotros mismos. Cuando una persona empieza a identificarse como alguien disciplinado y comprometido, toma decisiones más conscientes y es capaz de evitar distracciones, pues actuar de esta manera es coherente con su autoimagen. En cambio, si alguien se percibe como "perezoso" o "poco constante", es probable que caiga en la procrastinación, pues esta conducta refuerza su percepción negativa y le resulta más natural.

Autoimagen y autorregulación emocional

Otro aspecto importante de la autoimagen en relación con la autodisciplina es su impacto en la autorregulación emocional. La procrastinación, en muchos casos, es una respuesta a emociones incómodas, como el miedo al fracaso, la ansiedad o la sensación de incompetencia. La autoimagen influye en nuestra capacidad para manejar estas emociones de manera efectiva. Si nos vemos a nosotros mismos como personas resilientes y capaces de superar desafíos, es más probable que enfrentemos estas emociones y evitemos procrastinar. En cambio, si tenemos una autoimagen débil o llena de dudas, estas emociones tienden a convertirse en obstáculos que nos llevan a postergar nuestras responsabilidades.

Imagina que enfrentas una tarea que consideras difícil o exigente. Si tu autoimagen es la de una persona capaz, perseverante y resiliente, estarás mejor preparado para afrontar el reto, gestionando cualquier ansiedad o incomodidad que pueda surgir. En cambio, si tu autoimagen es la de alguien que "no puede con las dificultades", el estrés y la ansiedad derivados de la tarea serán más intensos y te llevarán a procrastinar como una forma de evitar el malestar emocional. Así, la autoimagen funciona como una brújula que determina si enfrentamos o evitamos nuestras responsabilidades.

La autoimagen como una herramienta para transformar la procrastinación

Transformar la autoimagen en una herramienta poderosa para evitar la procrastinación y desarrollar autodisciplina es posible. Al modificar la manera en que nos percibimos a nosotros mismos, podemos cambiar también la forma en que respondemos ante las tentaciones y los desafíos. Este cambio en la autoimagen no ocurre de la noche a la mañana, pero con práctica y consistencia es posible adoptar una autoimagen que esté en sintonía con una persona disciplinada y comprometida.

Una forma efectiva de cambiar la autoimagen es a través de la visualización y el autoafirmación. La visualización implica imaginarte a ti mismo actuando de manera disciplinada y comprometida, mientras que la autoafirmación consiste en repetir frases positivas que refuercen la autoimagen que deseas construir. Por ejemplo, decirte a ti mismo frases como "soy una persona responsable y cumplo mis compromisos" o "mi autodisciplina me permite lograr mis metas" ayuda a transformar gradualmente la percepción que tienes de ti mismo.

Además, cada vez que completes una tarea a tiempo o resistas la tentación de procrastinar, estarás fortaleciendo esta nueva autoimagen. Cada acto de autodisciplina, por pequeño que sea, refuerza la creencia de que eres una persona capaz y responsable. Con el tiempo, estos actos de disciplina consolidarán una autoimagen que te respalde en tus metas y te impulse a seguir adelante.

Cómo la autoimagen reduce la necesidad de la motivación externa

Una autoimagen positiva y alineada con la autodisciplina tiene el poder de reducir la dependencia de la motivación externa. Cuando tu autoimagen está en sintonía con la disciplina y el compromiso, tu motivación para actuar viene desde dentro, sin depender de factores externos como el reconocimiento o la presión de los demás. La autoimagen se convierte en una fuente de motivación intrínseca: sabes que cumplir con tus tareas y objetivos es parte de quién eres, y no necesitas una motivación constante para actuar de manera disciplinada.

Una persona con una autoimagen autodisciplinada experimenta menos fricciones al actuar, ya que la procrastinación deja de ser una opción congruente con su identidad. En cambio, cuando alguien depende de la motivación externa, sus acciones están sujetas a cambios y fluctuaciones de acuerdo con el contexto. Con una autoimagen fuerte y autodisciplinada, es más fácil evitar estas fluctuaciones y actuar con constancia y compromiso, independientemente de las circunstancias.

Cambiar la autoimagen para vencer la procrastinación

Cambiar la autoimagen para que sea compatible con la autodisciplina requiere tiempo, pero los beneficios son profundos y duraderos.

Algunos pasos que puedes seguir para transformar tu autoimagen y evitar la procrastinación incluyen:

- **Reflexiona sobre tus creencias actuales**: Identifica los pensamientos que forman parte de tu autoimagen actual y que pueden estar contribuyendo a la procrastinación. Pregúntate si realmente son ciertos o si provienen de experiencias pasadas que ya no te representan.

- **Redefine tu identidad**: Crea una nueva autoimagen
  alineada con la disciplina y el compromiso. Visualízate
  como una persona que cumple sus objetivos y actúa con
  responsabilidad, y refuerza esta imagen mental con
  afirmaciones positivas.

- **Celebra cada pequeño logro**: Cada vez que completes
  una tarea sin procrastinar, reconoce tu logro. Cada acto
  disciplinado refuerza la nueva autoimagen que estás
  construyendo.

- **Practica la autocompasión**: Si en algún momento caes en
  la procrastinación, no te juzgues. La autocompasión te
  ayudará a mantener una autoimagen positiva y a
  aprender de tus errores sin sabotear tus avances.

- **Actúa de acuerdo con tu nueva autoimagen**: Incluso si al
  principio sientes resistencia, actúa como si ya fueras la
  persona disciplinada que deseas ser. La repetición de
  estos comportamientos reforzará tu autoimagen y te
  ayudará a consolidar la autodisciplina como parte de tu
  identidad.

Capítulo 2: Hábitos con propósito

En este capítulo, descubrirás el verdadero poder de los hábitos y cómo pueden transformar tu vida cuando están alineados con tus metas. Aprenderás qué son los hábitos, cómo se forman y, lo más importante, cómo puedes crear hábitos intencionales que te impulsen hacia el éxito. A través de conceptos de neurociencia, entenderás cómo funciona tu cerebro al desarrollar o cambiar hábitos, y cómo identificar y sustituir aquellos que te alejan de tus objetivos.

Te sumergirás en técnicas prácticas para construir hábitos efectivos, eliminar distracciones y fortalecer tu entorno para que apoye tu crecimiento. Al final de este capítulo, tendrás las herramientas necesarias para crear una rutina de hábitos con propósito, que se convertirán en una base sólida para alcanzar tus metas y mantener la autodisciplina en el día a día.

Qué son los hábitos

Los hábitos son patrones de comportamiento que, a fuerza de repetirse en el tiempo, se vuelven automáticos y requieren muy poco esfuerzo mental para llevarse a cabo. Se forman a partir de la repetición constante de acciones, hasta que el cerebro las procesa de manera casi inconsciente. Los hábitos, en su esencia, son una herramienta poderosa, ya que permiten al cerebro ahorrar energía al crear "atajos" que reducen la necesidad de tomar decisiones activamente. Esta automatización de acciones es lo que nos permite realizar numerosas actividades diarias sin tener que dedicarles demasiada atención, como cepillarnos los dientes, conducir o revisar el teléfono.

Sin embargo, los hábitos son una espada de doble filo. Pueden impulsarnos hacia una vida más saludable y productiva o pueden arraigarse como comportamientos perjudiciales que nos alejan de nuestras metas. En este contexto, desarrollar hábitos con propósito significa crear y mantener aquellos que están alineados con nuestros objetivos y valores, orientados a construir la vida que realmente queremos vivir. Esto requiere no solo identificar qué hábitos necesitamos, sino también comprender cómo funcionan en el cerebro y cómo podemos influir en su creación y mantenimiento.

La estructura del hábito: El ciclo de la señal, la rutina y la recompensa

Los hábitos siguen un patrón predecible que se conoce como el "ciclo del hábito" o "bucle del hábito", y se compone de tres elementos: la señal, la rutina y la recompensa.

Este ciclo explica cómo se forman los hábitos y por qué se vuelven tan resistentes al cambio.

- **La señal**: La señal es el disparador que inicia el hábito. Puede ser una situación, una emoción, una hora del día o cualquier elemento que el cerebro asocie con el comportamiento que sigue. Por ejemplo, al sentir ansiedad (señal), podríamos buscar una distracción en redes sociales o comer algo dulce. La señal es clave porque le indica al cerebro cuándo activar un hábito.

- **La rutina**: La rutina es la acción en sí misma, el comportamiento que repetimos en respuesta a la señal. Es lo que hacemos automáticamente una vez que el hábito se ha iniciado. La rutina puede ser tanto una acción física (como ir al gimnasio) como una mental o emocional (como revisar el correo compulsivamente al despertar).
- **La recompensa**: La recompensa es el beneficio que obtenemos tras completar la rutina. Puede ser una satisfacción inmediata o una sensación de alivio. La recompensa es la razón por la que el cerebro decide repetir el hábito en el futuro, ya que busca la sensación de placer o alivio que este ofrece. En el caso de hábitos negativos, como el consumo excesivo de azúcar o la procrastinación, la recompensa es inmediata, lo cual refuerza el hábito rápidamente.

Este ciclo de señal, rutina y recompensa crea conexiones neuronales en el cerebro que se fortalecen con la repetición, haciendo que el hábito sea cada vez más automático. Comprender este ciclo nos da las herramientas para modificar nuestros hábitos, ya que al identificar la señal y la recompensa, podemos intentar reemplazar la rutina por un comportamiento más positivo y alineado con nuestras metas.

Los hábitos y el ahorro de energía mental

Desde una perspectiva neurológica, los hábitos se forman porque el cerebro busca constantemente formas de ahorrar energía. Cada vez que realizamos una acción nueva o tomamos una decisión, la corteza prefrontal se activa intensamente. Sin embargo, a medida que una acción se convierte en hábito, el cerebro transfiere parte de la actividad a los ganglios basales, una región asociada con comportamientos automáticos. Este cambio reduce la energía y el esfuerzo mental necesarios para realizar la acción, permitiéndonos ejecutar tareas sin dedicarles toda nuestra atención.

Este ahorro de energía tiene un impacto profundo en nuestra vida diaria. Sin hábitos, el cerebro estaría agotado de tomar decisiones continuamente, lo cual llevaría a una fatiga mental constante. Por esta razón, el cerebro tiende a formar hábitos como una estrategia de eficiencia. No obstante, esta tendencia hacia la automatización también significa que los malos hábitos pueden establecerse fácilmente y mantenerse sin que nos demos cuenta, incluso cuando nos resultan perjudiciales.

La diferencia entre hábitos conscientes y hábitos automáticos

Los hábitos pueden dividirse en dos categorías: los hábitos conscientes y los hábitos automáticos. Los hábitos conscientes son aquellos que decidimos desarrollar intencionalmente y que, al principio, requieren esfuerzo y disciplina. Por ejemplo, cuando decidimos ir al gimnasio todos los días o leer antes de dormir, estamos creando hábitos conscientes que, en sus primeras etapas, necesitan de una decisión y un esfuerzo deliberado. Sin embargo, con el tiempo y la repetición, estos hábitos se vuelven automáticos y requieren menos esfuerzo para ser ejecutados.

Los hábitos automáticos, en cambio, son aquellos que se realizan sin pensar, en respuesta a señales específicas. Están profundamente arraigados en nuestro sistema neuronal que se activan casi sin darnos cuenta. Ejemplos de hábitos automáticos pueden ser acciones como encender el teléfono al despertar o comer un refrigerio frente al televisor. Estos hábitos automáticos pueden ser difíciles de cambiar precisamente porque ocurren sin una decisión consciente y están integrados en nuestra rutina diaria.

Desarrollar hábitos con propósito implica ser conscientes de ambos tipos de hábitos. Al identificar los hábitos automáticos que están alineados con nuestros objetivos, podemos potenciarlos. Pero también debemos ser críticos con aquellos que no nos benefician, buscando reemplazarlos por comportamientos más positivos y alineados con la vida que queremos construir.

La neuroplasticidad y la formación de nuevos hábitos

Como ya lo hemos mencionado, el cerebro tiene la capacidad de adaptarse y cambiar a lo largo de nuestra vida gracias a un proceso llamado neuroplasticidad. Cada vez que repetimos un comportamiento, el cerebro refuerza las conexiones neuronales asociadas con esa acción, facilitando que el hábito se realice de manera más rápida y automática. Esta capacidad de reorganización neuronal es fundamental para la formación de nuevos hábitos, ya que permite que nuestro cerebro se adapte y fortalezca patrones de comportamiento beneficiosos a través de la repetición.

Sin embargo, la neuroplasticidad también significa que el cerebro se aferra a los hábitos existentes, incluso cuando estos son perjudiciales. Cambiar un hábito establecido implica reconfigurar estas conexiones neuronales, lo cual requiere tiempo y esfuerzo. La repetición constante de un nuevo comportamiento es clave para formar hábitos con propósito y reemplazar los patrones no deseados.

Durante este proceso de cambio, es común que se experimente incomodidad, ya que el cerebro debe "desprenderse" de las conexiones anteriores y fortalecer nuevas rutas neuronales. Este esfuerzo es temporal; a medida que se refuerzan las conexiones del nuevo hábito, la acción se vuelve cada vez más automática, y la resistencia disminuye. La neuroplasticidad nos brinda la oportunidad de diseñar una vida alineada con nuestros objetivos, siempre y cuando estemos dispuestos a invertir el tiempo y la práctica necesaria.

Crear un sistema de comportamientos alineados con tus metas

Crear hábitos con propósito significa decidir conscientemente cuáles son los comportamientos que queremos incorporar en nuestra vida para alcanzar nuestros objetivos. Implica una reflexión profunda sobre lo que queremos lograr y sobre cómo nuestros hábitos actuales nos acercan o nos alejan de esa visión. Los hábitos con propósito no se desarrollan al azar; requieren intención, planificación y un esfuerzo inicial para implantarlos.

Un hábito con propósito puede ser cualquier acción que esté alineada con tus metas personales o profesionales. Por ejemplo, si tu objetivo es mejorar tu salud física, un hábito con propósito puede ser el de ejercitarte cada mañana o de preparar comidas saludables en casa. Si tu meta es mejorar tu productividad, los hábitos con propósito pueden incluir la planificación diaria de tareas o la eliminación de distracciones.

Cada uno de estos hábitos se construye conscientemente y tiene un propósito claro en tu vida, lo que los hace más valiosos y sostenibles a largo plazo.

Para construir hábitos con propósito, es útil seguir estos pasos:

- **Definir una meta clara**: Saber qué quieres lograr te ayudará a identificar los hábitos específicos que te acercarán a esa meta.
- **Seleccionar hábitos pequeños y alcanzables**: Los cambios grandes pueden ser abrumadores. Comienza

con hábitos simples que puedas realizar de manera constante, y que te ayuden a avanzar de manera progresiva.

- **Establecer un sistema de señales y recompensas**: Las señales y recompensas ayudan a consolidar los hábitos. Establece recordatorios que activen el hábito y recompénsate al completar la rutina.
- **Ser constante y perseverante**: La repetición es clave para que el hábito se arraigue. Aunque al principio pueda ser difícil, con el tiempo el hábito se volverá automático.

Cómo se originan los malos hábitos

Los malos hábitos son patrones de comportamiento que, al igual que los buenos, se arraigan en nuestro cerebro a través de la repetición y la automatización. Sin embargo, los malos hábitos suelen ser aquellos que, en lugar de beneficiarnos, nos alejan de nuestras metas, dañan nuestra salud o afectan nuestra productividad y bienestar. Los malos hábitos, en esencia, representan una serie de decisiones automáticas y casi inconscientes que se activan en respuesta a señales específicas, generalmente buscando una recompensa inmediata que aporta placer o alivio momentáneo.

Entender cómo se originan estos malos hábitos es fundamental para superarlos y reemplazarlos por conductas más beneficiosas y alineadas con nuestros objetivos. Los malos hábitos no son necesariamente una muestra de falta de voluntad o de debilidad personal; más bien, son el resultado de la forma en que funciona el cerebro humano y de la influencia del entorno en nuestras decisiones. Al comprender las causas y los procesos detrás de la formación de los malos hábitos, podemos desarrollar estrategias para identificarlos, desmantelarlos y crear patrones de comportamiento más positivos y sostenibles.

La búsqueda de gratificación inmediata

Uno de los principales factores detrás de los malos hábitos es la búsqueda de gratificación inmediata. El cerebro humano está diseñado para buscar recompensas, y cada vez que realizamos una actividad que produce placer o alivio, el cerebro libera dopamina, el neurotransmisor asociado con el sistema de recompensa. Esta liberación de dopamina genera una sensación de satisfacción, y el cerebro registra el comportamiento que la provocó, facilitando que este se repita en el futuro.

En el caso de los malos hábitos, la gratificación inmediata es particularmente poderosa porque, en la mayoría de los casos, ofrece un placer o alivio temporal sin un esfuerzo significativo. Por ejemplo, revisar constantemente el correo electrónico, comer alimentos poco saludables o posponer una tarea difícil pueden aportar una dosis rápida de placer o una sensación de relajación. Aunque estos comportamientos no contribuyen a nuestros objetivos a largo plazo, el cerebro percibe la recompensa inmediata como algo positivo, reforzando el hábito.

El problema con esta búsqueda de gratificación inmediata es que crea un ciclo de retroalimentación que hace que el cerebro prefiera siempre el placer instantáneo sobre las recompensas diferidas. La dopamina liberada cada vez que realizamos un mal hábito refuerza la conexión neuronal asociada a ese comportamiento, haciendo que sea cada vez más difícil resistirse a la tentación. Este ciclo hace que el mal hábito se vuelva automático, al punto de que a veces lo realizamos sin ser plenamente conscientes de él.

El ciclo del hábito: señales y desencadenantes

Los malos hábitos, al igual que cualquier otro hábito, siguen el ciclo de señal, rutina y recompensa. El ciclo comienza con una señal o desencadenante que activa el hábito. Esta señal puede ser una emoción, una situación específica, un lugar, una persona o incluso un momento del día. En el caso de los malos hábitos, la señal suele estar asociada con una emoción negativa, como el estrés, la ansiedad o el aburrimiento.

Por ejemplo, el estrés en el trabajo puede ser la señal que activa el hábito de fumar un cigarrillo, buscar una distracción en el teléfono o consumir alimentos altos en azúcar. Estos comportamientos no resuelven la causa del estrés, pero proporcionan una recompensa inmediata en forma de alivio temporal. Con el tiempo, el cerebro asocia la señal (estrés) con la rutina (fumar, revisar el teléfono, comer en exceso) y refuerza el ciclo del hábito al ofrecer una recompensa (alivio o placer momentáneo).

Este ciclo de señal-rutina-recompensa es lo que hace que los malos hábitos se arraiguen tan profundamente en nuestra vida. Cada vez que la señal se presenta, el cerebro activa la rutina sin cuestionarla, buscando la recompensa inmediata. Identificar las señales y desencadenantes es un paso clave para desmantelar un mal hábito, ya que al comprender qué lo activa, podemos buscar estrategias alternativas para manejar la situación o la emoción que lo desencadena.

El papel de la falta de autoconocimiento en la formación de malos hábitos

La falta de autoconocimiento es otra razón importante por la cual los malos hábitos se arraigan en nuestra vida. Muchas veces, realizamos estos hábitos de manera automática, sin detenernos a analizar por qué actuamos de cierta manera o cómo esos comportamientos afectan nuestro bienestar. Cuando no tenemos claridad sobre nuestras emociones, necesidades o desencadenantes, es más fácil que caigamos en malos hábitos como una forma de escape o de distracción ante situaciones que no comprendemos del todo.

La falta de autoconocimiento nos lleva a ignorar las señales internas que podrían alertarnos sobre un mal hábito. Por ejemplo, es común que las personas coman en exceso cuando están aburridas o ansiosas, pero si no son conscientes de estos desencadenantes emocionales, es poco probable que logren identificar la verdadera razón detrás del comportamiento. Esta falta de comprensión perpetúa el ciclo del mal hábito, ya que, en lugar de enfrentar la emoción subyacente, se recurre al comportamiento que proporciona una recompensa inmediata, aunque sea solo momentánea.

El autoconocimiento es fundamental para cambiar estos patrones de comportamiento. Al comprender nuestras emociones y necesidades, podemos identificar qué desencadena el mal hábito y buscar alternativas más saludables para lidiar con esas situaciones. Desarrollar una mayor conciencia de nuestros pensamientos y emociones nos permite tomar decisiones más conscientes y evitar que los malos hábitos se establezcan en nuestra vida de manera automática.

El impacto de la repetición en la consolidación de malos hábitos

La repetición es un factor esencial en la consolidación de cualquier hábito, incluyendo los malos. Cuantas más veces repetimos un comportamiento, más fuerte se vuelve la conexión neuronal asociada a ese hábito, y más difícil resulta modificarlo. La repetición constante de un mal hábito convierte el comportamiento en una rutina que el cerebro ejecuta de manera casi automática, reduciendo la necesidad de tomar decisiones activamente. Este proceso hace que los malos hábitos se arraiguen profundamente, al punto de que intentarlos cambiar puede sentirse casi como una lucha contra nuestra propia naturaleza.

La neuroplasticidad es lo que permite que los hábitos se consoliden a través de la repetición. Sin embargo, también significa que es posible reemplazar un mal hábito por uno positivo mediante la repetición consciente de un nuevo comportamiento. Cambiar un mal hábito requiere de tiempo y esfuerzo, ya que el cerebro necesita reforzar nuevas conexiones neuronales y debilitar las antiguas. Esto no sucede de la noche a la mañana, pero con la constancia suficiente, es posible transformar patrones de comportamiento perjudiciales en hábitos que aporten beneficios reales.

Cómo desmantelar un mal hábito

Desmantelar un mal hábito implica comprender y desactivar el ciclo de señal-rutina-recompensa que lo mantiene en funcionamiento.

Algunos pasos útiles para lograrlo incluyen:

- **Identificar la señal**: La señal es el detonante del mal hábito. Puede ser una emoción, un momento del día, un entorno específico o una situación social. Al reconocer qué activa el hábito, podemos estar más atentos a nuestras reacciones y comenzar a tomar decisiones más conscientes.
- **Examinar la recompensa**: La recompensa es la razón por la cual el cerebro repite el hábito. Si descubrimos cuál es la recompensa, podemos intentar sustituir el mal hábito por otro comportamiento que proporcione una gratificación similar pero más saludable.
- **Sustituir la rutina**: Una vez identificada la señal y la recompensa, el siguiente paso es cambiar la rutina. Por ejemplo, si el mal hábito es comer en exceso al sentir

ansiedad, podemos sustituirlo por otra rutina, como salir a caminar o practicar respiración profunda.

- **Crear un entorno de apoyo**: Modificar el entorno puede facilitar el cambio de hábitos. Si el entorno está lleno de señales que fomentan el mal hábito, es probable que sea difícil cambiar. Crear un ambiente que facilite el nuevo hábito aumenta las probabilidades de éxito.

- **Practicar la autocompasión**: Cambiar un mal hábito no es fácil y requiere tiempo. La autocompasión es clave para no juzgarnos cuando recaemos en el hábito. Al tratarnos con amabilidad, reducimos la culpa y el estrés, lo cual facilita el proceso de cambio.

Cómo funciona el cerebro con respecto a los hábitos

Los hábitos son, en gran medida, el resultado de los mecanismos de eficiencia que ha desarrollado el cerebro para optimizar su funcionamiento. El cerebro humano tiene una capacidad extraordinaria para automatizar comportamientos a través de la repetición, de manera que estos se conviertan en rutinas que requieren poco esfuerzo y energía. Esto es especialmente importante si consideramos que el cerebro utiliza aproximadamente el 20% de la energía del cuerpo, a pesar de representar solo el 2% del peso corporal. La formación de hábitos es, entonces, una estrategia evolutiva que permite al cerebro ahorrar energía y liberar recursos para otras tareas que requieren un esfuerzo cognitivo mayor.

Cuando un comportamiento se repite con regularidad, el cerebro lo transforma en un hábito mediante la creación de conexiones neuronales duraderas. Este proceso de formación de hábitos implica a varias áreas cerebrales, siendo las principales los ganglios basales y la corteza prefrontal. Los ganglios basales, una estructura ubicada en la profundidad del cerebro, juegan un papel crucial en la formación de hábitos, ya que son los responsables de almacenar las rutinas automáticas. Por otro lado, la corteza prefrontal, que es la parte del cerebro encargada de la toma de decisiones y el autocontrol, interviene en las primeras etapas de la formación de un hábito, cuando el comportamiento aún requiere de una decisión consciente. A medida que la acción se repite y se vuelve automática, la corteza prefrontal cede el control a los ganglios basales, y el hábito se convierte en una respuesta inconsciente y rápida.

La corteza prefrontal y los ganglios basales en la formación de hábitos

La formación de hábitos comienza en la corteza prefrontal, la región del cerebro asociada con el autocontrol, la planificación y la toma de decisiones conscientes. En las primeras etapas de la creación de un hábito, la corteza prefrontal está intensamente involucrada, ya que cada vez que intentamos realizar un nuevo comportamiento, el cerebro necesita decidir activamente cómo y cuándo hacerlo. Este proceso consume energía mental y requiere de esfuerzo consciente, lo que explica por qué los nuevos hábitos suelen ser difíciles de mantener al principio.

A medida que la acción se repite, el cerebro comienza a transferir el control de la corteza prefrontal a los ganglios basales, que son una región del cerebro más antigua y primitiva, encargada de la regulación de conductas automáticas. Los ganglios basales son esenciales en la formación y almacenamiento de los hábitos, ya que permiten que el comportamiento se ejecute de manera casi inconsciente una vez que el hábito se ha consolidado. Esta transferencia reduce la demanda de energía de la corteza prefrontal y permite que el cerebro se concentre en otras tareas que requieren un mayor esfuerzo cognitivo.

Este proceso de automatización es una ventaja para el cerebro, ya que los hábitos permiten realizar numerosas acciones sin consumir grandes cantidades de energía. Sin embargo, también significa que los malos hábitos, una vez arraigados, pueden ser difíciles de cambiar, ya que los ganglios basales continúan activando la rutina en respuesta a la señal, independientemente de la intención consciente de cambiar el comportamiento. Para modificar un hábito consolidado, es necesario involucrar de nuevo a la corteza prefrontal para que tome el control y decida conscientemente una nueva respuesta a la señal.

El papel de la dopamina y el sistema de recompensa

La dopamina es un neurotransmisor esencial en el proceso de formación de hábitos, ya que está directamente relacionada con el sistema de recompensa del cerebro. Cada vez que experimentamos una recompensa o una sensación de satisfacción, el cerebro libera dopamina, lo cual genera una sensación de placer y refuerza el comportamiento que lo originó. Esta liberación de dopamina es una señal para el cerebro de que el comportamiento es positivo y debe repetirse en el futuro.

Cuando un hábito está en sus primeras etapas de formación, el cerebro comienza a liberar dopamina en respuesta a la señal y la recompensa asociada con la rutina. Esta dopamina fortalece la conexión entre la señal, la rutina y la recompensa, haciendo que el hábito se vuelva cada vez más atractivo y fácil de repetir. El sistema de recompensa, impulsado por la dopamina, es uno de los motivos por los cuales los hábitos con recompensas inmediatas se consolidan más rápido que aquellos con beneficios a largo plazo. La gratificación instantánea refuerza la conducta rápidamente, mientras que los hábitos que no generan una recompensa inmediata requieren de un esfuerzo consciente y mayor persistencia.

Este ciclo de dopamina puede ser positivo o negativo, dependiendo de la naturaleza del hábito. Por ejemplo, un hábito de ejercicio regular libera dopamina y genera una sensación de logro y bienestar, reforzando el comportamiento saludable. Sin embargo, los malos hábitos, como el consumo excesivo de azúcar o la procrastinación, también liberan dopamina y crean un circuito de recompensa, a pesar de que sus efectos a largo plazo sean perjudiciales.

La transición de los hábitos conscientes a los hábitos automáticos

Al principio, todos los hábitos requieren esfuerzo y atención consciente. La corteza prefrontal necesita intervenir activamente para ejecutar el comportamiento y repetirlo, lo cual demanda una cantidad significativa de energía mental. Esta es una de las razones por las que los nuevos hábitos son difíciles de implementar y sostener en las primeras etapas.

Sin embargo, a medida que se repite el comportamiento, la actividad comienza a desplazarse de la corteza prefrontal a los ganglios basales, que gestionan los patrones de comportamiento automático. Esta transición permite que el hábito se vuelva menos costoso mentalmente, ya que ahora se ejecuta con poca o ninguna intervención consciente. La transición de un hábito consciente a uno automático es lo que permite que podamos realizar actividades como conducir, lavarnos los dientes o escribir sin necesidad de pensar en cada paso.

Este proceso es beneficioso para la eficiencia del cerebro, pero también implica que los hábitos, una vez automatizados, se vuelven resistentes al cambio. Para modificar un hábito automático, es necesario que la corteza prefrontal intervenga nuevamente, tomando el control consciente del comportamiento y reemplazándolo por una nueva rutina. Este proceso de reconfiguración neuronal es posible gracias a la neuroplasticidad, aunque requiere tiempo, esfuerzo y constancia.

Cómo crear hábitos con propósito

Crear hábitos con propósito implica desarrollar patrones de comportamiento que no solo se conviertan en rutinas automáticas, sino que estén alineados con nuestras metas y valores personales. Un hábito con propósito es aquel que nos acerca intencionalmente a nuestros objetivos y refleja nuestra visión de vida, contribuyendo al crecimiento personal, la productividad y el bienestar. A diferencia de los hábitos sin intención, que simplemente se instauran por repetición o contexto, los hábitos con propósito requieren de una planificación consciente y de una estrategia clara para establecerlos y mantenerlos a largo plazo.

Para crear hábitos con propósito es fundamental conocer cómo funciona el cerebro en la formación de hábitos, comprender el papel de las señales y recompensas, y aplicar técnicas prácticas que nos permitan hacer de los nuevos comportamientos una parte integral de nuestra vida.

A continuación, exploraremos cómo establecer hábitos significativos que se arraiguen en nuestro día a día y nos impulsen hacia el logro de nuestros objetivos.

1. Define una meta clara y específica

El primer paso para crear un hábito con propósito es definir una meta clara y específica. Esta meta debe ser algo significativo para ti, un objetivo que te motive a realizar cambios en tu vida y que esté alineado con tus valores y aspiraciones. Definir metas específicas te ayuda a identificar qué tipo de hábitos necesitas para lograrlas y te proporciona un punto de referencia que facilita el seguimiento de tu progreso.

En lugar de establecer metas vagas como "ser más saludable" o "ser más productivo", define objetivos concretos, como "hacer ejercicio tres veces a la semana" o "leer 30 minutos cada noche". Cuando tus metas son específicas, es más fácil traducirlas en hábitos que puedas implementar. Cada pequeño hábito que construyas estará en función de alcanzar esa meta concreta, lo cual te ayudará a mantener el enfoque y la motivación.

2. Desglosa la meta en hábitos manejables

Una vez que tengas una meta clara, el siguiente paso es dividirla en hábitos manejables que puedas integrar fácilmente en tu vida diaria. Los grandes objetivos pueden parecer abrumadores, pero cuando los desglosas en acciones pequeñas y alcanzables, el camino se vuelve más claro y menos intimidante. Cada hábito debe ser lo suficientemente simple como para poder hacerlo a diario o con regularidad sin sentir que estás realizando un esfuerzo excesivo.

Por ejemplo, si tu meta es mejorar tu estado físico, podrías empezar con un hábito pequeño, como hacer cinco minutos de ejercicio al día. Una vez que ese comportamiento se haya arraigado, puedes aumentar gradualmente la intensidad o la duración del ejercicio. Este enfoque, conocido como la "técnica del progreso gradual" o "marginal gains", permite que los nuevos hábitos se integren en tu rutina sin causar resistencia o fatiga, facilitando su sostenibilidad a largo plazo.

3. Identifica una señal que dispare el hábito

La señal es el disparador que activa el hábito, y es un elemento clave en la creación de hábitos con propósito. Las señales pueden ser cualquier tipo de estímulo, como una hora del día, un lugar, una acción anterior o una emoción, que le indique a tu cerebro que es el momento de iniciar el hábito. Identificar y establecer una señal clara para el nuevo hábito ayuda a que el comportamiento se vuelva automático con el tiempo, ya que el cerebro comenzará a asociar la señal con la rutina.

Para crear una señal efectiva, trata de asociarla con algo que ya forme parte de tu rutina diaria. Por ejemplo, si quieres desarrollar el hábito de leer antes de dormir, podrías establecer como señal el momento en que te acuestas y enciendes la lámpara de tu mesa de noche. Si tu objetivo es meditar cada mañana, la señal podría ser prepararte un vaso de agua y colocarlo junto a ti antes de comenzar. La clave es que la señal sea específica y fácil de reconocer, de modo que puedas integrarla sin esfuerzo en tu día.

4. Diseña una rutina clara y fácil de ejecutar

La rutina es el comportamiento en sí, el hábito que deseas implementar. Para que un nuevo hábito tenga éxito, es esencial que la rutina sea clara, simple y fácil de ejecutar, especialmente en las primeras etapas. Cuando el hábito es sencillo y concreto, se reduce la posibilidad de que el cerebro lo perciba como una carga o como algo difícil de realizar, lo cual facilita que puedas repetirlo consistentemente.

En lugar de intentar implementar cambios drásticos de inmediato, comienza con acciones pequeñas que se puedan ejecutar sin resistencia. Por ejemplo, si deseas crear el hábito de escribir un diario, puedes empezar escribiendo solo dos o tres frases cada noche, en lugar de intentar escribir páginas enteras. A medida que la rutina se vuelva más natural, puedes expandirla y ajustarla a tus necesidades. Mantener la rutina simple al principio permite que el hábito se establezca más rápidamente y te ayuda a superar la resistencia inicial que puede surgir al introducir cambios en tu vida.

5. Establece una recompensa que refuerce el hábito

La recompensa es una parte esencial del ciclo de formación de hábitos, ya que genera una sensación de satisfacción que el cerebro asocia con el hábito y que refuerza el comportamiento. La recompensa puede ser algo tan simple como una breve pausa, una sensación de logro o una actividad que te agrade. Al experimentar una recompensa después de realizar el hábito, el cerebro libera dopamina, lo cual fortalece la conexión neuronal y facilita la repetición del hábito en el futuro.

Para crear hábitos con propósito, establece una recompensa que esté alineada con tus valores y que te motive a continuar. La recompensa no necesariamente tiene que ser material; puede ser tan sencilla como decirte a ti mismo que has hecho un buen trabajo o tomar unos minutos para relajarte y disfrutar de la satisfacción del progreso. La clave es que la recompensa sea inmediata, de modo que el cerebro asocie el hábito con una sensación de gratificación.

6. Usa la técnica de "habit stacking" o "anclaje de hábitos"

La técnica de "habit stacking", también conocida como "anclaje de hábitos", consiste en vincular un nuevo hábito con uno ya existente para facilitar su integración en la rutina diaria. Al asociar el nuevo hábito con algo que ya haces automáticamente, reduces la resistencia inicial y aumentas la probabilidad de que el nuevo hábito se mantenga. Te explicaré un poco más sobre esta técnica en las siguientes páginas.

Por ejemplo, si ya tienes el hábito de tomar café cada mañana, podrías aprovechar ese momento como señal para leer durante cinco minutos o para escribir en tu diario de gratitud. Si tu meta es ejercitarte, podrías anclarlo a tu regreso a casa después del trabajo. Esta técnica permite que el nuevo hábito se integre en tu día de manera natural, ya que se convierte en una extensión de un comportamiento que ya forma parte de tu rutina.

7. Sé constante y paciente con el proceso

La creación de hábitos con propósito requiere tiempo, constancia y paciencia. La mayoría de los hábitos no se establecen de la noche a la mañana, sino que necesitan repetición y persistencia para consolidarse en el cerebro. La investigación sugiere que el tiempo promedio para formar un nuevo hábito puede variar entre 18 y 254 días, dependiendo de la persona y del tipo de hábito. La clave es recordar que el progreso es gradual y que cada día en que practicas el hábito estás construyendo conexiones neuronales más fuertes que facilitan su repetición en el futuro.

La paciencia es fundamental, ya que es normal que el hábito no se arraigue de inmediato. Es posible que enfrentes días en los que sientas que el hábito es una carga o que no estés viendo resultados, pero mantenerte constante en esos momentos es lo que eventualmente te llevará a consolidarlo. A medida que practiques el hábito y repitas el ciclo de señal-rutina-recompensa, el cerebro se adaptará, y el hábito se volverá más automático y menos exigente con el tiempo.

8. Monitorea tu progreso y realiza ajustes cuando sea necesario

Llevar un registro de tu progreso puede ser una herramienta poderosa para mantener la motivación y evaluar cómo el hábito se está integrando en tu vida. Puedes hacerlo mediante un diario, una aplicación o simplemente con una lista de verificación diaria. Registrar cada día que practicas el hábito refuerza tu compromiso y te permite ver el progreso acumulado, lo cual es motivador y te ayuda a mantener la disciplina.

Además, es importante ser flexible y estar dispuesto a ajustar el hábito si es necesario. Si encuentras que la señal no es efectiva o que la rutina es demasiado exigente, puedes hacer modificaciones para adaptarla a tu vida y necesidades actuales. La adaptabilidad es clave para que el hábito con propósito se mantenga a largo plazo y para que sigas motivado en el proceso.

Cómo influye el entorno en tus decisiones

El entorno que nos rodea tiene una poderosa influencia en nuestras decisiones y en la formación de hábitos, aunque muchas veces no seamos plenamente conscientes de ello. Desde los espacios físicos que habitamos hasta las personas con las que interactuamos y las señales constantes de nuestro entorno digital, cada aspecto de nuestro entorno actúa como un desencadenante que puede facilitar o dificultar nuestras decisiones. Cuando se trata de construir hábitos con propósito, el entorno puede ser nuestro mejor aliado o nuestro mayor obstáculo, ya que tiene el potencial de activar tanto los comportamientos positivos como los negativos.

El entorno, en este contexto, se refiere a todos los estímulos externos que nos afectan: objetos físicos, distribución de espacios, tecnología, normas sociales y las personas que nos rodean. Cada uno de estos factores actúa como una señal que puede activar rutinas automáticas, reforzando o debilitando nuestros hábitos. Al comprender la influencia del entorno en nuestras decisiones, podemos aprender a modificarlo estratégicamente para facilitar la creación de hábitos con propósito y tomar decisiones que se alineen con nuestros objetivos y valores.

La influencia del entorno físico en los hábitos

El diseño del entorno físico es uno de los factores más influyentes en nuestras decisiones y en la formación de hábitos. La disposición de los objetos a nuestro alrededor y la organización de los espacios pueden servir como recordatorios visuales que nos impulsan a actuar de cierta manera. Por ejemplo, si los alimentos saludables están al alcance en la cocina, es más probable que optemos por ellos en lugar de recurrir a opciones poco saludables que requieren un esfuerzo extra para conseguir. De la misma manera, un espacio de trabajo organizado y libre de distracciones facilita la concentración y la productividad, mientras que un entorno desordenado tiende a fomentar la procrastinación y las distracciones.

Las investigaciones en psicología ambiental sugieren que los objetos visibles y accesibles en nuestro entorno funcionan como señales que activan ciertos comportamientos. Cuando vemos una botella de agua en nuestro escritorio, es más probable que recordemos hidratarnos; si el equipo de ejercicio está a la vista, es más fácil que tomemos la iniciativa de entrenar. Por otro lado, cuando los objetos relacionados con nuestros malos hábitos están fuera de la vista —como los alimentos altos en azúcar o el teléfono móvil durante horas de trabajo—, se reduce la probabilidad de que los utilicemos impulsivamente.

Si queremos construir hábitos con propósito, podemos modificar nuestro entorno físico para facilitar los comportamientos deseados y reducir las tentaciones. Esto podría implicar reorganizar los espacios para hacer más accesibles las herramientas o los elementos relacionados con nuestros objetivos, como colocar libros en la mesa de noche si deseamos leer más, o dejar el equipo de ejercicio preparado la noche anterior si queremos empezar a hacer actividad física al día siguiente. Al modificar el entorno para que funcione en nuestro favor, minimizamos la necesidad de depender de la fuerza de voluntad y aumentamos la probabilidad de tomar decisiones alineadas con nuestros objetivos.

La influencia del entorno digital

En la era digital, nuestro entorno no solo es físico, sino también virtual. La tecnología y las redes sociales ocupan un lugar central en nuestra vida diaria y tienen un impacto profundo en nuestra toma de decisiones y en la formación de hábitos. Los algoritmos de las redes sociales, las notificaciones constantes y el fácil acceso a entretenimiento digital están diseñados para captar nuestra atención y proporcionarnos una gratificación inmediata, lo cual puede obstaculizar la construcción de hábitos con propósito al distraernos constantemente de nuestros objetivos.

Las plataformas digitales están diseñadas para activar ciclos de hábito que involucran la señal (notificación), la rutina (abrir la aplicación y navegar) y la recompensa (una sensación de novedad o entretenimiento). Este ciclo de gratificación rápida puede volverse un obstáculo importante para quienes intentan desarrollar hábitos de concentración y productividad, ya que la tentación de revisar el teléfono interfiere con las actividades que requieren enfoque. Sin una gestión consciente de nuestro entorno digital, es fácil caer en hábitos automáticos de consumo de contenido que nos desvían de nuestras metas.

Para contrarrestar esta influencia, podemos aplicar ciertos ajustes en el entorno digital que faciliten la creación de hábitos con propósito. Esto incluye desactivar notificaciones que no sean esenciales, limitar el tiempo de uso de aplicaciones de entretenimiento y, en cambio, rodearnos de estímulos digitales que nos acerquen a nuestras metas, como aplicaciones de productividad, recordatorios para actividades importantes o contenidos educativos. También podemos organizar nuestros dispositivos de manera que las aplicaciones relacionadas con nuestros objetivos estén en la pantalla principal, mientras que las aplicaciones de entretenimiento estén menos visibles. Al hacer estos cambios, reducimos la probabilidad de que las distracciones digitales dominen nuestras decisiones.

La influencia de las personas en nuestras decisiones y hábitos

El entorno social es otro factor crucial en la formación de hábitos. Las personas que nos rodean —familia, amigos, compañeros de trabajo e incluso conocidos en redes sociales— ejercen una gran influencia sobre nuestros comportamientos y nuestras decisiones. Esta influencia social puede ser sutil, pero tiene un impacto profundo en la forma en que actuamos y en los hábitos que desarrollamos. Cuando estamos rodeados de personas que comparten nuestras metas y que nos inspiran a crecer, es más probable que tomemos decisiones positivas y alineadas con nuestros objetivos. En cambio, si el entorno social está compuesto por personas con hábitos poco saludables o desmotivadores, es más fácil que adoptemos esos mismos comportamientos.

El fenómeno del "contagio social" describe cómo los comportamientos y actitudes de las personas a nuestro alrededor influyen en nuestras propias decisiones. Diversos estudios han demostrado que tendemos a adoptar hábitos similares a los de quienes nos rodean, ya sea que se trate de hábitos alimenticios, ejercicio, consumo de alcohol o hasta la manera en que gestionamos el estrés. La presión social y el deseo de aceptación nos llevan a imitar el comportamiento del grupo, a menudo de manera inconsciente. Por ejemplo, si estás en un entorno donde todos practican deporte, es más probable que también desarrolles ese hábito; mientras que si estás rodeado de personas que postergan sus responsabilidades, es más probable que caigas en la procrastinación.

Para crear hábitos con propósito, es importante rodearnos de personas que compartan nuestras metas y valores. Esto no siempre significa cambiar de círculo social, pero sí podemos buscar activamente conexiones con personas que nos inspiren y que nos ayuden a mantenernos en el camino hacia nuestros objetivos. Participar en comunidades en línea, unirte a grupos de intereses comunes o rodearte de mentores que fomenten hábitos positivos son formas efectivas de construir un entorno social que favorezca las decisiones alineadas con tus propósitos.

El poder de las normas y expectativas en el entorno

El entorno también nos afecta a través de las normas y expectativas que existen en los diferentes contextos en los que nos desenvolvemos. Cada entorno —ya sea el lugar de trabajo, la familia o una comunidad— tiene normas, implícitas o explícitas, que establecen cómo se espera que actuemos. Estas expectativas sociales influyen en nuestra conducta y en los hábitos que adoptamos, a menudo de manera automática y sin que lo notemos.

Por ejemplo, en una cultura laboral donde se valoran la puntualidad y la productividad, es más probable que desarrolles hábitos de organización y cumplimiento de horarios. Por el contrario, en un ambiente de trabajo relajado y con menos expectativas de eficiencia, puede ser más fácil caer en hábitos de procrastinación. Las normas y expectativas del entorno actúan como guías silenciosas que moldean nuestra conducta diaria, y comprender su influencia es fundamental para desarrollar hábitos con propósito.

Si queremos construir hábitos alineados con nuestros objetivos, podemos buscar entornos cuyas normas y expectativas refuercen esos mismos valores. Esto puede implicar elegir espacios de trabajo con una cultura de crecimiento, buscar redes de apoyo donde las personas compartan metas similares o crear acuerdos en casa que favorezcan la práctica de hábitos positivos. Al alinear nuestro entorno con nuestras metas personales, aumentamos las probabilidades de mantenernos enfocados y comprometidos.

Estrategias para diseñar un entorno que fomente hábitos con propósito

Modificar el entorno para que facilite los hábitos que deseamos desarrollar es una estrategia efectiva para aumentar las probabilidades de éxito. Algunas maneras de diseñar un entorno que favorezca la toma de decisiones alineadas con nuestros objetivos son:

- **Organiza los espacios físicos**: Coloca los objetos o herramientas que necesitas para tus hábitos positivos en lugares visibles y accesibles, y reduce la visibilidad de los elementos que puedan desencadenar hábitos no deseados. Esto puede incluir organizar tu escritorio para evitar distracciones o colocar una botella de agua a la vista para recordar la importancia de la hidratación.
- **Controla el entorno digital**: Limita el acceso a aplicaciones y redes sociales que no contribuyan a tus metas, y reemplázalas por herramientas digitales que fomenten la productividad y el aprendizaje. Desactiva las notificaciones que no sean necesarias y mantén solo las

aplicaciones relacionadas con tus hábitos en la pantalla principal de tus dispositivos.

- **Selecciona influencias sociales positivas**: Busca personas que compartan tus intereses y objetivos, y que puedan apoyarte en el desarrollo de tus hábitos. Puedes unirte a comunidades o grupos en línea, buscar un mentor o involucrarte en actividades donde puedas interactuar con personas que te inspiren.

- **Establece normas y límites en el hogar y en el trabajo**: Si el entorno donde pasas la mayor parte del tiempo no es favorable para tus metas, intenta establecer acuerdos claros con quienes te rodean. Esto puede implicar establecer horarios de trabajo sin interrupciones, delimitar espacios para el descanso o crear espacios donde se fomente la concentración.

Cómo eliminar las distracciones

Las distracciones son uno de los mayores obstáculos para el desarrollo de hábitos con propósito y para la productividad en general. Vivimos en un mundo lleno de estímulos que compiten constantemente por nuestra atención, desde notificaciones de redes sociales y mensajes de texto hasta la sobreabundancia de información digital. Estas distracciones dificultan nuestra capacidad de enfocarnos en lo que realmente importa y pueden sabotear nuestros intentos de construir hábitos significativos y productivos. Aprender a gestionar y eliminar las distracciones es una habilidad fundamental para crear un entorno que favorezca el desarrollo de hábitos con propósito y para mantener un enfoque sostenido en nuestras metas.

Eliminar las distracciones no se trata de eliminar completamente cualquier estímulo externo —lo cual, en la mayoría de los casos, es imposible—, sino de aprender a gestionarlas de manera eficaz. Se trata de identificar las principales fuentes de distracción, tomar medidas para reducir su impacto y desarrollar estrategias que fortalezcan nuestra capacidad de concentración y autorregulación.

Estos son algunos pasos prácticos para eliminar las distracciones y crear un espacio mental y físico que favorezca el desarrollo de hábitos alineados con nuestros objetivos.

1. Identifica tus principales fuentes de distracción

El primer paso para eliminar las distracciones es identificar las fuentes específicas que más afectan tu capacidad de concentrarte. Las distracciones pueden dividirse en dos categorías principales: las externas y las internas. Las distracciones externas son estímulos en el entorno que nos llaman la atención, como notificaciones de dispositivos móviles, ruidos, interrupciones o la televisión. Las distracciones internas, por otro lado, son aquellas que surgen de nuestros propios pensamientos, emociones o impulsos, como la preocupación por una tarea pendiente o el deseo de revisar redes sociales por aburrimiento.

Hacer una lista de tus principales distracciones —tanto externas como internas— te ayudará a ser consciente de ellas y a comprender cómo y cuándo afectan tu enfoque. Por ejemplo, puedes notar que las notificaciones de tu teléfono te distraen cada pocos minutos o que ciertos pensamientos tienden a aparecer cuando estás trabajando en una tarea desafiante. Identificar estas fuentes de distracción es el primer paso para abordarlas de manera estratégica y desarrollar un entorno que minimice su impacto.

2. Controla el entorno digital

El entorno digital es una de las fuentes de distracción más poderosas en la vida moderna. Las notificaciones constantes de redes sociales, correos electrónicos y mensajes instantáneos están diseñadas para captar nuestra atención y proporcionarnos gratificación inmediata, lo cual puede interferir con nuestra capacidad de mantener el enfoque en tareas importantes. Limitar las distracciones digitales es esencial para crear un espacio de trabajo y de vida que facilite el desarrollo de hábitos con propósito.

Para reducir las distracciones digitales, puedes aplicar varias estrategias:

- **Desactiva notificaciones no esenciales**: Revisa las aplicaciones que generan más notificaciones y decide cuáles son realmente necesarias. Puedes desactivar las notificaciones de redes sociales, correos electrónicos o aplicaciones de entretenimiento y dejar activas solo aquellas que sean relevantes para tu trabajo o tus objetivos personales.
- **Usa aplicaciones de bloqueo de distracciones**: Existen aplicaciones y extensiones para el navegador que te permiten bloquear sitios web y aplicaciones durante un periodo determinado, ayudándote a evitar la tentación de revisarlos mientras trabajas en una tarea importante. Algunas opciones populares incluyen Freedom, Focus@Will y StayFocusd.
- **Programa bloques de tiempo para revisar redes sociales y correos electrónicos**: En lugar de revisar el teléfono y los correos constantemente, programa momentos específicos durante el día para dedicarte a estas actividades. Por ejemplo, puedes revisar tu correo

electrónico al inicio y al final del día en lugar de hacerlo
cada vez que recibes una notificación.

Controlar el entorno digital y establecer límites para el uso de
dispositivos ayuda a reducir la frecuencia con la que nos
distraemos, permitiéndonos dedicar más tiempo a nuestras
tareas y hábitos con propósito sin interrupciones.

3. Crea un entorno físico propicio

El entorno físico también juega un papel fundamental en
nuestra capacidad de mantenernos enfocados y evitar las
distracciones. Un espacio desordenado o lleno de elementos
visualmente atractivos puede hacer que nuestra atención se
desvíe constantemente, afectando nuestra productividad y
nuestra capacidad para desarrollar hábitos de manera
consistente. Para crear un entorno que favorezca el enfoque, es
importante diseñar espacios físicos que minimicen las
distracciones y que estén organizados en función de nuestras
metas.

Algunas estrategias para crear un entorno físico propicio
incluyen:

- **Organiza tu espacio de trabajo**: Un escritorio limpio y
  organizado reduce las distracciones visuales y facilita la
  concentración. Guarda los elementos que no necesites
  para la tarea que estás realizando y mantén solo las
  herramientas esenciales al alcance de tu mano.
- **Minimiza el ruido ambiental**: El ruido puede ser una
  gran fuente de distracción, especialmente en entornos
  compartidos. Si es posible, trabaja en un espacio
  tranquilo o utiliza auriculares con cancelación de ruido o
  música instrumental para reducir las distracciones
  sonoras. Algunos estudios han demostrado que ciertos

tipos de música, como la música clásica o los sonidos de la naturaleza, pueden mejorar la concentración y el estado de ánimo.

- **Optimiza la iluminación y la comodidad**: La iluminación adecuada y un espacio cómodo son importantes para mantener el enfoque. La luz natural es ideal, pero si no tienes acceso a ella, una lámpara de escritorio con luz cálida puede ayudar a mantener tu energía y concentración. Asegúrate también de tener una silla ergonómica y una postura cómoda para evitar incomodidades que puedan afectar tu atención.

Crear un entorno físico que favorezca el enfoque no solo mejora la productividad, sino que también facilita el desarrollo de hábitos con propósito, ya que minimiza la necesidad de lidiar con distracciones constantes.

4. Practica la gestión del tiempo con técnicas de enfoque

La gestión del tiempo es clave para evitar distracciones y mantener el enfoque en lo que realmente importa. Las técnicas de enfoque, como la técnica Pomodoro, te permiten trabajar en bloques de tiempo cortos, seguidos de breves descansos, lo cual facilita mantener la concentración y reduce la tentación de distraerte. Al dividir el tiempo en intervalos, también reduces la carga mental, ya que sabes que tendrás un descanso programado y puedes dedicar toda tu atención a la tarea en el momento presente. Desarrollaremos otras técnicas sobre gestión del tiempo en el capítulo 4.

Para aplicar la técnica Pomodoro, sigue estos pasos:

1. Selecciona una tarea en la que deseas trabajar.
2. Configura un temporizador para 25 minutos y trabaja sin interrupciones hasta que el tiempo se acabe.
3. Toma un descanso de 5 minutos.

4. Después de completar cuatro bloques de 25 minutos, toma un descanso más largo de 15 a 30 minutos.

Otra técnica útil es el "time blocking", que consiste en asignar bloques específicos de tiempo para cada tarea o actividad en tu agenda. Al planificar de antemano cuándo trabajarás en cada tarea, reduces la posibilidad de que otras actividades o distracciones se interpongan en el camino. Estas técnicas te ayudan a estructurar tu tiempo y a evitar la dispersión de la atención, permitiéndote enfocarte en tus hábitos y objetivos de manera más efectiva.

5. Desarrolla la autoconciencia para gestionar las distracciones internas

Las distracciones internas, como los pensamientos intrusivos, la ansiedad o el impulso de revisar el teléfono, pueden ser tan problemáticas como las distracciones externas. Estas distracciones surgen de nuestro propio estado emocional y mental, y pueden desviarnos de nuestros objetivos incluso cuando estamos en un entorno tranquilo y sin estímulos externos. La autoconciencia y la autorregulación son herramientas fundamentales para identificar y gestionar estas distracciones internas.

Para desarrollar la autoconciencia, puedes practicar técnicas de mindfulness o meditación. Estas prácticas te enseñan a observar tus pensamientos y emociones sin reaccionar automáticamente a ellos, lo cual facilita que puedas reconocer cuándo una distracción interna está interfiriendo con tu concentración. Por ejemplo, si estás trabajando y notas un pensamiento intrusivo que te incita a revisar las redes sociales, en lugar de actuar de inmediato, puedes observar el impulso, identificarlo y luego elegir conscientemente no seguirlo.

Otra técnica útil es escribir en un diario. Anotar los pensamientos y emociones que experimentas mientras trabajas en tus hábitos puede ayudarte a identificar patrones de distracción y a comprender mejor qué desencadena esos impulsos. Con el tiempo, esta práctica te permite desarrollar una mayor autorregulación y a construir una resistencia más fuerte contra las distracciones internas.

6. Practica el autocontrol gradual para reducir las distracciones

El autocontrol es una habilidad que se fortalece con la práctica. Al reducir gradualmente la cantidad de distracciones a las que nos exponemos, podemos entrenar nuestra mente para resistir las tentaciones y enfocar nuestra atención en lo que realmente importa. Comienza por establecer límites pequeños y alcanzables; por ejemplo, puedes proponerte no revisar el teléfono durante los primeros 10 minutos de una tarea importante y luego ir aumentando este tiempo de forma progresiva.

Otra técnica es la "restricción temporal", en la que te permites utilizar aplicaciones o distraerte durante un tiempo específico y luego te enfocas completamente en tu tarea. Al practicar el autocontrol de manera gradual, fortaleces la capacidad de tu cerebro para resistir las distracciones y reduces la dependencia de estímulos externos. Con el tiempo, este entrenamiento te permitirá eliminar de manera efectiva las distracciones y mantener un enfoque más sostenido en tus hábitos y metas.

Los hábitos de inicio rápido

Los "hábitos de inicio rápido" son pequeñas acciones iniciales que nos ayudan a superar la inercia y a empezar a trabajar en una tarea o actividad que, de otro modo, podría parecer desalentadora o difícil de abordar. La idea detrás de los hábitos de inicio rápido es simplificar el primer paso, permitiendo que el esfuerzo inicial se sienta accesible y menos intimidante. Estos hábitos son especialmente útiles cuando buscamos crear una rutina nueva o cuando necesitamos mantener un hábito en momentos de baja motivación, ya que reducen la barrera mental de empezar y nos impulsan a tomar acción de inmediato.

La clave de los hábitos de inicio rápido es que son fáciles y rápidos de realizar, lo que hace que nuestro cerebro no sienta una gran resistencia para ejecutarlos. A menudo, el mayor obstáculo para completar una tarea o formar un hábito es simplemente comenzar. Al adoptar un hábito de inicio rápido, eliminamos este primer obstáculo y permitimos que la inercia de la acción inicial nos impulse a seguir avanzando. Este tipo de hábito no solo facilita la creación de rutinas sostenibles, sino que también refuerza nuestra confianza en la capacidad de hacer progreso constante hacia nuestras metas.

El poder de la inercia en los hábitos de inicio rápido

La inercia es un concepto que proviene de la física y que, en términos simples, describe la tendencia de los objetos a mantener su estado de movimiento o de reposo hasta que una fuerza externa actúe sobre ellos. Este principio se aplica también a nuestro comportamiento: una vez que estamos en movimiento, es más fácil seguir en movimiento, y una vez que estamos inactivos, es más difícil empezar. Los hábitos de inicio rápido aprovechan esta inercia para crear un impulso inicial, facilitando que nos mantengamos en acción una vez que comenzamos.

Cuando decidimos empezar con un pequeño paso, el cerebro percibe que la tarea es fácil de realizar y libera una pequeña cantidad de dopamina, lo cual nos motiva a continuar. Este pequeño éxito inicial actúa como una "fuerza" que nos ayuda a superar la resistencia inicial y facilita que sigamos adelante. Los hábitos de inicio rápido funcionan, entonces, como un disparador que nos permite romper la inercia de la procrastinación y empezar a tomar acción, haciendo que el resto de la tarea o actividad se sienta menos abrumadora.

Ejemplos de hábitos de inicio rápido

Los hábitos de inicio rápido pueden adaptarse a prácticamente cualquier meta o actividad. La clave es elegir una acción sencilla y concreta que te ponga en movimiento, sin importar cuán pequeña sea. A continuación, algunos ejemplos de hábitos de inicio rápido que pueden aplicarse en distintos contextos:

- **Ejercicio físico**: Si tu objetivo es hacer ejercicio regularmente, un hábito de inicio rápido podría ser ponerte la ropa deportiva o hacer solo cinco minutos de calentamiento. Esta pequeña acción inicial reduce la barrera de entrada, y una vez que estás en ropa deportiva o has comenzado a moverte, es probable que sigas adelante con el entrenamiento completo.
- **Estudio o trabajo**: Si necesitas trabajar en un proyecto o estudiar para un examen, un hábito de inicio rápido podría ser abrir los materiales de estudio y leer una página o hacer una lista de tareas básicas. Este primer paso te ayudará a "romper el hielo" y a reducir la resistencia inicial a comenzar.
- **Escritura o creatividad**: Para quienes tienen dificultades para comenzar a escribir o a realizar una actividad creativa, un hábito de inicio rápido podría ser escribir una frase, una idea o un esquema sencillo. Este acto de escribir algo breve reduce el bloqueo inicial y facilita que la creatividad fluya.
- **Organización y limpieza**: Si quieres crear un hábito de organización o limpieza en tu hogar, un hábito de inicio

rápido podría ser recoger y ordenar solo un área
pequeña, como un escritorio o una mesa. Esta acción te
proporciona una sensación de logro inicial y hace que sea
más fácil continuar organizando el espacio.

* **Meditación o mindfulness**: Si deseas integrar la
meditación en tu rutina diaria, un hábito de inicio rápido
puede ser sentarte en silencio durante un minuto y
centrarte en tu respiración. Esta pequeña acción es lo
suficientemente simple como para no requerir mucha
motivación y puede servir como un primer paso hacia
una práctica de meditación más prolongada.

Estos ejemplos muestran que los hábitos de inicio rápido son
simples y no requieren de un gran esfuerzo o compromiso de
tiempo. El objetivo no es realizar la tarea completa de
inmediato, sino superar la resistencia inicial y generar un
impulso que nos anime a seguir adelante.

La importancia de reducir la fricción

La fricción es cualquier obstáculo, ya sea físico o mental, que
dificulta el inicio de una acción. En el contexto de los hábitos, la
fricción se refiere a todos esos pequeños inconvenientes que
pueden interponerse entre nosotros y la realización de una
tarea, como tener que buscar materiales, cambiar de ropa o
desplazarse a un lugar específico. La fricción es una de las
principales razones por las cuales posponemos o evitamos
tareas, ya que el cerebro tiende a buscar el camino de menor
resistencia.

Los hábitos de inicio rápido reducen la fricción al simplificar el
primer paso y hacer que la tarea se sienta accesible y realizable.
Cuando nos damos cuenta de que solo necesitamos realizar una
pequeña acción, como escribir una idea en lugar de redactar un
documento completo, el nivel de esfuerzo percibido disminuye

y es más probable que tomemos acción. Al reducir la fricción, los hábitos de inicio rápido nos permiten superar la resistencia inicial que muchas veces nos lleva a la procrastinación.

Una estrategia efectiva para reducir la fricción es preparar de antemano todo lo que necesitas para realizar el hábito. Por ejemplo, si quieres leer más, puedes dejar un libro en la mesa de noche para que sea lo primero que veas al irte a dormir. Si quieres empezar a hacer ejercicio, deja la ropa deportiva lista la noche anterior. Al reducir el número de pasos necesarios para iniciar la acción, minimizas la fricción y aumentas las probabilidades de comenzar y mantener el hábito.

La acumulación de pequeños logros y la motivación

Otro beneficio de los hábitos de inicio rápido es que permiten acumular pequeños logros que aumentan la motivación. Cada vez que completamos un pequeño paso, el cerebro libera dopamina, lo cual genera una sensación de satisfacción y refuerza el comportamiento. Esta recompensa inmediata, aunque pequeña, tiene un impacto positivo en la motivación y facilita que queramos continuar con la actividad o retomarla en el futuro.

Estos pequeños logros son especialmente importantes en los primeros días de la creación de un hábito, cuando la tarea aún no se ha automatizado y requiere esfuerzo consciente. Al acumular pequeñas victorias, creamos una base de autoconfianza que nos ayuda a superar la resistencia y a enfrentar la tarea con una actitud más positiva. Con el tiempo, estos logros se suman y generan un sentimiento de progreso, lo cual es fundamental para mantener la motivación a largo plazo.

La acumulación de pequeños logros también contribuye a construir una identidad alineada con el hábito que estamos desarrollando. Por ejemplo, si empiezas a hacer ejercicio con el hábito de ponerte la ropa deportiva y hacer solo cinco minutos de actividad, con el tiempo empezarás a verte a ti mismo como alguien que se ejercita regularmente. Esta identidad refuerza el hábito, ya que actuar de acuerdo con ella se convierte en algo natural y congruente.

Estrategias para implementar hábitos de inicio rápido

Para aprovechar al máximo el poder de los hábitos de inicio rápido, puedes aplicar algunas estrategias prácticas que te ayuden a integrarlos en tu vida diaria:

- **Define un paso inicial específico y pequeño**: Asegúrate de que el hábito de inicio rápido sea lo suficientemente simple como para que puedas realizarlo en menos de dos minutos. El paso debe ser concreto, como "leer una página" o "hacer una lista de tareas", para que el cerebro lo perciba como accesible.

- **Ancla el hábito a una señal existente**: Vincula el hábito de inicio rápido a una señal o rutina que ya tengas. Por ejemplo, si quieres hacer ejercicio, puedes decidir que tu señal será cambiarte de ropa apenas llegues a casa del trabajo. Esta asociación facilita que el hábito se active de manera automática.

- **Mantén una mentalidad de progreso, no de perfección**: Recuerda que el objetivo de los hábitos de inicio rápido es iniciar, no completar la tarea de inmediato. Si solo haces el primer paso, ya habrás dado un pequeño avance. La mentalidad de progreso te ayudará a mantener la motivación sin sentirte abrumado por el objetivo final.

- **Celebra cada pequeño logro**: Reconoce el valor de cada paso, por pequeño que sea, y date un breve momento para celebrarlo. Puede ser algo tan simple como decir "¡Buen trabajo!" después de haber hecho el primer paso.

Esta autocomplacencia refuerza el hábito y facilita que quieras repetirlo en el futuro.

- **Evalúa y ajusta si es necesario**: No todos los hábitos de inicio rápido funcionarán igual de bien para cada persona. Experimenta con diferentes acciones iniciales y observa cuáles te ayudan a avanzar mejor hacia tus metas. Ajusta los hábitos de inicio rápido según tus necesidades y circunstancias.

El principio de 2 minutos

El "principio de 2 minutos" es una técnica sencilla y poderosa que consiste en reducir cualquier hábito o tarea a una acción que pueda completarse en dos minutos o menos. La idea es que, al comenzar con una acción mínima y fácil de realizar, se elimina la resistencia inicial y se facilita la formación de hábitos. Este principio es útil para crear una base sólida sobre la cual construir hábitos más complejos y duraderos, ya que una vez que empezamos, es mucho más fácil continuar.

El autor y experto en hábitos James Clear popularizó este concepto en su libro Atomic Habits (Hábitos Atómicos), donde lo presenta como una estrategia para superar la procrastinación y la inercia que a menudo nos impiden comenzar. Al hacer que el primer paso sea increíblemente fácil y accesible, el principio de 2 minutos ayuda a crear un impulso inicial, reduciendo la fricción mental que puede hacer que posterguemos una tarea. Este pequeño comienzo crea un efecto dominó: al completar la acción de 2 minutos, estamos más inclinados a continuar, a aprovechar el impulso y a desarrollar gradualmente un hábito sólido y efectivo.

La importancia de comenzar: el poder del primer paso

Uno de los mayores obstáculos al tratar de formar un nuevo hábito o completar una tarea es la resistencia inicial. Nuestro cerebro tiende a evitar actividades que percibe como complejas, agotadoras o que requieren esfuerzo mental significativo. Sin embargo, al reducir cualquier tarea a una versión simple y breve de 2 minutos, el esfuerzo percibido disminuye, lo que reduce la barrera de entrada y facilita que demos el primer paso.

El principio de 2 minutos se basa en la premisa de que una vez que iniciamos una actividad, es mucho más fácil continuar. Esto se debe a un fenómeno psicológico conocido como "efecto de compromiso", en el que nuestra mente, al comenzar una tarea, se inclina a completarla, ya que inconscientemente tendemos a evitar el sentimiento de incompletitud. Comenzar con una acción breve permite que superemos el obstáculo inicial de la inacción y nos impulsa a seguir adelante con una mentalidad de progreso.

Por ejemplo, si tu objetivo es leer más, podrías comenzar con el hábito de leer solo una página o de dedicar dos minutos a un libro cada noche. Aunque este paso parece mínimo, el simple hecho de comenzar a leer facilita que te involucres más y que decidas seguir leyendo, ya que la barrera para empezar ha desaparecido. Este principio de 2 minutos convierte el primer paso en algo tan simple que prácticamente elimina la posibilidad de excusas o postergación.

Ejemplos del principio de 2 minutos para diversos hábitos

El principio de 2 minutos se puede aplicar a una amplia variedad de hábitos y metas, independientemente de su complejidad o del esfuerzo que requieran a largo plazo. A continuación, algunos ejemplos de cómo se puede aplicar este principio en distintas áreas:

- **Ejercicio físico**: En lugar de proponerte una rutina de 30 minutos desde el primer día, comienza con el hábito de hacer solo dos minutos de ejercicio, como realizar algunos estiramientos o abdominales. La acción es lo suficientemente breve como para eliminar la resistencia inicial, y una vez que hayas comenzado, es probable que decidas hacer más.

- **Escritura o creatividad**: Si deseas desarrollar el hábito de escribir o trabajar en un proyecto creativo, empieza por dedicar solo dos minutos a escribir cualquier idea que tengas o a esbozar un esquema. Este primer paso te permitirá romper el bloqueo inicial, y probablemente termines escribiendo o creando más de lo que habías planeado.

- **Estudio o lectura**: Para quienes desean estudiar o leer con más frecuencia, el principio de 2 minutos puede ser una excelente herramienta. Puedes empezar leyendo una sola página o estudiando un solo párrafo. Esta pequeña acción inicial puede motivarte a continuar, y eventualmente te encontrarás avanzando en la lectura o el estudio sin sentir que es una carga.

- **Organización y limpieza**: Si deseas organizar tu espacio, puedes empezar dedicando solo dos minutos a ordenar un pequeño lugar, como el escritorio o una gaveta. Aunque parece un esfuerzo mínimo, este primer paso te ayudará a iniciar y a reducir la resistencia hacia el resto de la tarea.

- **Meditación o mindfulness**: Para desarrollar un hábito de meditación, intenta sentarte y concentrarte en tu respiración durante solo dos minutos. Esta breve práctica no requiere mucho tiempo y ayuda a crear un espacio de calma en tu mente, lo cual es un excelente punto de partida para una práctica de meditación más prolongada en el futuro.

Estos ejemplos muestran cómo el principio de 2 minutos convierte tareas aparentemente grandes o difíciles en pequeños pasos que se pueden completar con facilidad. La clave es que cada pequeño logro refuerza el hábito, haciendo que el comportamiento se sienta menos intimidante y más natural a medida que se repite.

Cómo el principio de 2 minutos ayuda a crear hábitos automáticos

El cerebro humano está diseñado para ser eficiente y evitar actividades que consuman demasiada energía o esfuerzo mental. Cuando comenzamos un hábito con una acción de solo dos minutos, nuestro cerebro lo percibe como una actividad sencilla y accesible, lo cual reduce la resistencia y el esfuerzo mental necesario para llevarlo a cabo. Con el tiempo, este pequeño paso se convierte en una rutina, y al repetirlo constantemente, el cerebro comienza a integrarlo en los ganglios basales, una región que regula los comportamientos automáticos.

A medida que el hábito se repite, el principio de 2 minutos ayuda a establecer una conexión neuronal cada vez más fuerte, lo que hace que el comportamiento se vuelva automático. El cerebro ya no necesita activarse intensamente para realizar la acción, ya que se ha convertido en una rutina que se ejecuta sin esfuerzo consciente. Este proceso de automatización facilita la creación de hábitos con propósito y ayuda a consolidar rutinas sostenibles en el tiempo.

Al emplear el principio de 2 minutos, no solo iniciamos una actividad, sino que también creamos una base sólida que facilita la expansión de este comportamiento en el futuro. Una vez que la acción inicial se vuelve automática, es posible aumentar gradualmente la duración o la intensidad del hábito, lo cual permite que el comportamiento se adapte y crezca a medida que mejora nuestra capacidad para mantenerlo.

Estrategias para aplicar el principio de 2 minutos

Para aprovechar el principio de 2 minutos de manera efectiva y asegurarte de que se convierta en una herramienta para el desarrollo de hábitos con propósito, puedes aplicar algunas estrategias clave:

- **Define una acción mínima y específica**: Elige una acción que puedas completar en menos de dos minutos y que esté directamente relacionada con el hábito que deseas formar. Asegúrate de que sea una acción concreta y específica, como "leer una página" en lugar de "leer un libro".

- **Haz que sea parte de tu rutina diaria**: El principio de 2 minutos funciona mejor cuando la acción se repite de manera constante, ya que la repetición ayuda a consolidar el hábito. Intenta integrar esta acción de 2 minutos en tu rutina diaria para crear un hábito estable.

- **Enfócate en la consistencia, no en el rendimiento**: Al aplicar el principio de 2 minutos, la clave es enfocarse en mantener la consistencia, no en la cantidad o la duración de la actividad. Recuerda que el objetivo es simplemente iniciar la acción, y si deseas continuar más allá de los 2 minutos, es una ganancia adicional.

- **Asócialo con una señal existente**: Vincula el hábito de 2 minutos a una señal o rutina que ya esté establecida en tu vida. Por ejemplo, si deseas hacer estiramientos cada día, podrías hacerlos después de cepillarte los dientes por la mañana. Esta asociación facilita la integración del hábito en tu día a día.

- **Amplía el hábito de forma gradual**: Una vez que el hábito de 2 minutos esté bien establecido, puedes expandirlo lentamente. Por ejemplo, si comenzaste leyendo una página, puedes aumentar a dos o tres páginas una vez que el hábito esté arraigado. Este crecimiento gradual permite que el hábito evolucione sin que sientas resistencia o fatiga.

La mentalidad de "progreso, no perfección"

El principio de 2 minutos fomenta una mentalidad de "progreso, no perfección", que es fundamental para el desarrollo de hábitos con propósito. Al enfocarnos en dar pequeños pasos consistentes en lugar de intentar lograr grandes resultados de inmediato, reducimos la presión y las expectativas que a menudo nos llevan a procrastinar o a abandonar una meta. Cada vez que completamos una acción de 2 minutos, reforzamos la idea de que estamos avanzando hacia nuestros objetivos, sin importar lo pequeño que parezca el paso.

Esta mentalidad también nos ayuda a construir una identidad alineada con nuestros hábitos deseados. Cada vez que realizamos un pequeño paso, como leer una página o hacer unos pocos estiramientos, estamos actuando de acuerdo con la identidad de alguien que lee o que hace ejercicio. Con el tiempo, esta identidad se consolida, haciendo que el comportamiento se sienta cada vez más natural y menos exigente.

El anclaje de hábitos

El "anclaje de hábitos" es una técnica que consiste en vincular un nuevo hábito que deseas desarrollar con uno ya establecido en tu rutina diaria. Este método se basa en aprovechar la solidez de un hábito existente, utilizándolo como señal para desencadenar el nuevo comportamiento. Al "anclar" el nuevo hábito a algo que ya haces de manera automática, reduces la resistencia inicial, facilitas la repetición constante y aumentas las probabilidades de que el nuevo hábito se integre de manera duradera en tu vida.

El concepto de anclaje de hábitos fue popularizado por el psicólogo BJ Fogg, fundador del Behavior Design Lab de la Universidad de Stanford, y se basa en la premisa de que la mejor forma de desarrollar un hábito es vincularlo a una rutina ya establecida. Este enfoque hace que el nuevo hábito se sienta natural y fácil de implementar, ya que forma parte de una cadena de acciones que ya realizas. Al conectar el nuevo hábito con uno que ya has internalizado, eliminas la necesidad de recordar constantemente hacerlo y reduces la fricción que puede dificultar la formación de hábitos con propósito.

Cómo funciona el anclaje de hábitos

El anclaje de hábitos se basa en el ciclo de señal-rutina-recompensa, un modelo que explica cómo los hábitos se forman y se consolidan en el cerebro. En este ciclo, la señal actúa como un disparador que activa una rutina (el comportamiento) y genera una recompensa que refuerza el hábito. Cuando utilizamos el anclaje de hábitos, tomamos una acción que ya forma parte de nuestra vida diaria y la convertimos en la señal que desencadena el nuevo hábito.

Por ejemplo, supongamos que tienes el hábito de cepillarte los dientes todas las mañanas. Puedes utilizar esta acción como ancla para desarrollar el hábito de beber un vaso de agua al despertar. Cada vez que termines de cepillarte los dientes, beberás un vaso de agua. Este simple acto de vinculación facilita que el nuevo hábito se realice automáticamente tras el hábito existente, creando una cadena de acciones que el cerebro aprende a ejecutar sin esfuerzo consciente.

El anclaje de hábitos es una forma efectiva de reducir la necesidad de recordar o forzar un nuevo comportamiento, ya que el hábito existente actúa como un recordatorio natural. Además, al anclar el nuevo hábito a un comportamiento que ya es automático, evitas la resistencia inicial que muchas veces acompaña la creación de nuevos hábitos. Esto hace que la técnica sea especialmente útil para quienes desean establecer rutinas sostenibles y mantener un enfoque constante en sus metas.

Ejemplos de anclaje de hábitos

El anclaje de hábitos se puede aplicar a prácticamente cualquier área de la vida, desde la salud y el bienestar hasta la productividad y el crecimiento personal. La clave es elegir un hábito existente que ya esté firmemente arraigado y que puedas utilizar como señal para desencadenar el nuevo hábito. A continuación, algunos ejemplos de cómo puedes aplicar el anclaje de hábitos en diferentes contextos:

- **Hábito de meditación**: Si quieres desarrollar el hábito de meditar todos los días, puedes anclarlo a un hábito ya establecido, como tomar tu café de la mañana. Cada vez que prepares tu café, podrías dedicar dos minutos a respirar profundamente y centrarte en el momento presente antes de empezar el día. De esta manera, el acto de preparar café se convierte en la señal para iniciar tu meditación.
- **Hábito de ejercicio**: Si deseas hacer ejercicio de manera consistente, puedes anclarlo a la rutina de llegar a casa después del trabajo. Por ejemplo, cada vez que llegues a

casa, podrías cambiarte inmediatamente a ropa de entrenamiento y realizar una sesión de ejercicio de 10 minutos. Esta asociación hace que el hábito de hacer ejercicio se convierta en una extensión de la rutina de llegar a casa, facilitando su implementación.

- **Hábito de leer**: Para quienes desean leer con más frecuencia, un buen hábito de anclaje podría ser el de leer una página después de cepillarse los dientes antes de dormir. Cada vez que te cepillas los dientes, tomas el libro que tienes en la mesita de noche y lees una página. Este pequeño hábito de lectura se asocia con el hábito de cepillarte los dientes, haciéndolo fácil de recordar y de mantener.

- **Hábito de hidratación**: Si deseas beber más agua durante el día, puedes anclar el hábito de beber un vaso de agua a cada comida. Por ejemplo, podrías beber un vaso de agua antes de cada desayuno, almuerzo y cena. Al asociar el consumo de agua con un hábito ya establecido (comer), facilitas la creación de una rutina de hidratación sin esfuerzo adicional.

- **Hábito de gratitud**: Para desarrollar el hábito de la gratitud, puedes anclarlo a la rutina de irte a la cama. Cada noche, después de apagar la luz, puedes dedicar unos momentos a reflexionar sobre tres cosas por las que estás agradecido en el día. Al hacer que el momento de acostarte sea la señal para practicar la gratitud, integras este hábito en tu rutina diaria de manera natural.

Estos ejemplos muestran que el anclaje de hábitos permite introducir nuevos comportamientos de forma sencilla y sin interrupciones en la vida diaria. La clave es elegir una señal que ya forme parte de tu rutina y que pueda servir como recordatorio automático para realizar el nuevo hábito.

Beneficios del anclaje de hábitos

El anclaje de hábitos es una técnica efectiva para desarrollar rutinas sostenibles y hábitos con propósito debido a sus numerosos beneficios:

- **Reducción de la fricción mental**: Al vincular el nuevo hábito con uno ya existente, eliminas la necesidad de recordar o motivarte constantemente para realizar la acción. La señal del hábito existente actúa como un recordatorio natural, reduciendo la fricción mental y aumentando la probabilidad de éxito.
- **Facilita la repetición y la consistencia**: La repetición es clave para la formación de hábitos. Al aprovechar un hábito ya establecido como base, el anclaje de hábitos facilita la repetición constante, lo cual permite que el nuevo comportamiento se vuelva automático con el tiempo.
- **Fortalece la disciplina y el enfoque**: Al implementar el anclaje de hábitos, te acostumbras a realizar acciones alineadas con tus objetivos sin cuestionarlas. Esto fortalece tu disciplina y fomenta una mentalidad de enfoque en el progreso, ya que cada hábito se convierte en un paso que te acerca a tus metas.
- **Ayuda a construir cadenas de hábitos positivos**: Uno de los grandes beneficios del anclaje de hábitos es que permite crear una cadena de comportamientos beneficiosos. Cada nuevo hábito se convierte en la señal para el siguiente, creando una rutina estructurada que apoya tu crecimiento personal.
- **Aumenta la motivación**: Cada vez que completas el nuevo hábito, te sientes motivado por el progreso que estás logrando. La satisfacción de haber añadido un nuevo comportamiento a tu rutina fortalece la confianza

en tu capacidad para desarrollar hábitos y motiva a seguir avanzando en tus objetivos.

Estrategias para implementar el anclaje de hábitos

Para aprovechar el anclaje de hábitos y asegurarte de que se convierta en una herramienta efectiva para el desarrollo de hábitos con propósito, puedes aplicar algunas estrategias clave:

- **Identifica un hábito sólido y arraigado**: Elige un hábito existente que ya realices sin esfuerzo y de manera automática. Cuanto más arraigado esté el hábito original, más efectiva será la señal para activar el nuevo comportamiento.
- **Asegúrate de que el hábito nuevo sea breve y específico**: El nuevo hábito debe ser fácil de realizar y no requerir mucho tiempo. Si el nuevo hábito es demasiado largo o complicado, puede generar resistencia. Empieza con algo breve, como 2 minutos de respiración o leer una página, y expande el hábito gradualmente.
- **Usa una frase de recordatorio**: Una técnica útil es utilizar una frase que refuerce la conexión entre el hábito existente y el nuevo hábito. Por ejemplo, puedes decir "Después de [hábito existente], haré [nuevo hábito]". Este simple enunciado ayuda a que el anclaje se vuelva más natural y claro para el cerebro.
- **Integra el hábito en una cadena de acciones**: Puedes utilizar el anclaje de hábitos para crear una cadena de comportamientos alineados con tus metas. Por ejemplo, después de meditar, puedes leer durante cinco minutos y luego escribir en un diario. Al vincular cada acción con la anterior, desarrollas una rutina fluida y sostenible.
- **Reflexiona sobre el progreso**: Lleva un registro de tus avances para mantener la motivación y asegurarte de que el anclaje de hábitos esté funcionando como esperas.

Puedes llevar un diario o utilizar una aplicación de seguimiento para evaluar cómo se desarrolla el hábito en tu vida.

El progreso gradual

El progreso gradual es una estrategia de desarrollo de hábitos que se basa en avanzar hacia una meta a través de pasos pequeños y consistentes. En lugar de tratar de adoptar cambios drásticos y difíciles de mantener, el progreso gradual implica dividir el objetivo en partes manejables y fáciles de alcanzar, lo que permite construir hábitos de manera sostenible y efectiva. Esta estrategia no solo facilita la creación de hábitos, sino que también reduce la posibilidad de agotamiento y desmotivación que a menudo acompaña los cambios abruptos.

La clave del progreso gradual es que cada pequeño paso representa un avance real, por pequeño que sea, y cada uno de esos avances se suma, generando una transformación duradera con el tiempo. Al adoptar esta mentalidad, se puede abordar cualquier meta —desde el ejercicio y la lectura hasta la organización y el aprendizaje de nuevas habilidades— sin sentir que el cambio es abrumador.

La ciencia detrás del progreso gradual

El progreso gradual se apoya en principios psicológicos y neurocientíficos que explican cómo el cerebro responde a los cambios progresivos. Cuando intentamos cambiar un hábito de forma radical, el cerebro percibe el cambio como una amenaza y puede activar una respuesta de estrés que nos lleva a abandonar el nuevo comportamiento. Sin embargo, al realizar cambios pequeños, el cerebro es más receptivo, ya que los percibe como manejables y seguros.

Los pequeños pasos también permiten aprovechar el principio de la repetición, necesario para consolidar nuevas conexiones neuronales y hacer que el comportamiento se vuelva automático. A medida que repetimos una pequeña acción, fortalecemos las redes neuronales asociadas a ese hábito, lo cual facilita su ejecución y reduce el esfuerzo mental necesario para mantenerlo. Al acumular pequeñas acciones consistentes, generamos un cambio gradual que se sostiene en el tiempo y que se vuelve una parte natural de nuestra vida.

Este enfoque está respaldado por la teoría del "efecto compuesto", que sostiene que los pequeños avances acumulados a lo largo del tiempo producen un gran impacto. Al sumar pequeñas acciones cada día, los resultados se multiplican, generando un progreso significativo sin que nos demos cuenta. Por ejemplo, leer solo diez páginas al día puede parecer un avance pequeño, pero en un año suma un total de 3,650 páginas, lo cual equivale a leer más de una decena de libros. Este enfoque hace que el progreso gradual sea una herramienta poderosa para transformar cualquier área de la vida.

Cómo implementar el progreso gradual en la creación de hábitos

El progreso gradual se puede aplicar a cualquier objetivo o hábito que deseemos desarrollar. La clave es dividir el objetivo en pequeños pasos específicos y alcanzables que puedan realizarse de manera constante. A continuación, algunos pasos para implementar el progreso gradual en la creación de hábitos:

- **Define un objetivo claro y específico**: Antes de aplicar el progreso gradual, es importante tener una meta clara en mente. Por ejemplo, si deseas mejorar tu condición física, un objetivo específico podría ser correr 5 kilómetros sin detenerte. Este objetivo te permitirá desglosarlo en pasos pequeños y enfocar tu progreso en una dirección concreta.

- **Divide la meta en micro-hábitos**: Una vez que tengas el objetivo, divídelo en pequeños pasos o micro-hábitos. Por ejemplo, si tu objetivo es correr 5 kilómetros, podrías comenzar corriendo solo 500 metros, y luego aumentar gradualmente la distancia en función de tu nivel de comodidad. Estos micro-hábitos no deben representar un esfuerzo excesivo, sino un paso mínimo que puedas realizar sin dificultad.

- **Incrementa el esfuerzo de manera gradual**: Cada vez que el micro-hábito se vuelva fácil y cómodo, puedes incrementar un poco la dificultad. Siguiendo el ejemplo de correr, podrías añadir 100 metros adicionales cada semana. Este aumento gradual asegura que el cambio no se sienta abrumador y que el hábito pueda sostenerse en el tiempo.

- **Mantén la constancia**: La repetición es clave para que el progreso gradual funcione. Es preferible realizar una pequeña acción todos los días a intentar hacer un gran esfuerzo solo ocasionalmente. La consistencia en estos pequeños pasos es lo que permite que el hábito se consolide y que el cambio se mantenga a largo plazo.

- **Evalúa y ajusta el progreso**: A lo largo del proceso, revisa tu avance y ajusta el ritmo de acuerdo a tus necesidades. Si en algún momento sientes que el aumento es demasiado rápido, puedes reducir la velocidad de progreso. El objetivo es encontrar un equilibrio que te permita avanzar sin sobrecargarte, asegurando que el hábito se vuelva sostenible.

El progreso gradual y la autoconfianza

Un beneficio importante del progreso gradual es que aumenta la autoconfianza. Cada pequeño paso completado representa un logro, lo cual refuerza la creencia de que somos capaces de avanzar hacia nuestras metas. Estos logros generan una sensación de satisfacción y motivación que nos impulsa a seguir adelante. Con el tiempo, la acumulación de pequeños éxitos crea una base de confianza que facilita que tomemos acciones más grandes y que mantengamos el enfoque en el objetivo final.

Este aumento en la autoconfianza es especialmente útil cuando enfrentamos metas que pueden parecer desalentadoras al principio. Por ejemplo, si queremos correr una maratón, la idea de correr 42 kilómetros puede parecer imposible al inicio. Sin embargo, cada vez que completamos una pequeña distancia en nuestro entrenamiento, reafirmamos nuestra capacidad y ganamos la confianza necesaria para seguir avanzando. El progreso gradual transforma los objetivos desafiantes en metas alcanzables, una acción a la vez.

La mentalidad de "mejora continua" en el progreso gradual

El progreso gradual fomenta una mentalidad de "mejora continua", también conocida como la filosofía del "Kaizen" en la cultura japonesa. Esta mentalidad se centra en hacer mejoras constantes y pequeñas en todas las áreas de la vida, en lugar de esperar grandes transformaciones inmediatas. Esta filosofía es valiosa porque nos ayuda a ver el cambio como un proceso, no como un evento, y nos permite disfrutar de cada paso del camino hacia nuestras metas.

La mejora continua también implica aceptar que el cambio es gradual y que cada avance, por pequeño que sea, es importante. Esta mentalidad nos ayuda a evitar la frustración y a mantenernos comprometidos con el proceso, ya que no estamos obsesionados con resultados inmediatos, sino que valoramos el progreso a largo plazo. Con el tiempo, esta forma de ver el cambio se convierte en una parte fundamental de nuestra identidad, y adoptamos la creencia de que siempre podemos mejorar y avanzar.

Los hábitos de aprendizaje

Los hábitos de aprendizaje son prácticas intencionales y repetitivas que fomentan el crecimiento intelectual, el desarrollo de habilidades y la adquisición de nuevos conocimientos. En un mundo que cambia rápidamente, la capacidad de aprender de manera continua se ha convertido en una competencia esencial para el éxito personal y profesional. Los hábitos de aprendizaje nos permiten adaptarnos a nuevas circunstancias, mejorar nuestras capacidades y mantenernos competitivos, curiosos y abiertos al cambio.

Al desarrollar hábitos de aprendizaje, estamos construyendo una estructura que nos ayuda a expandir nuestro conocimiento de manera constante y a hacer del aprendizaje una parte integral de nuestra vida. Más que un acto ocasional o una actividad que se realiza solo en ambientes formales, el aprendizaje se convierte en un proceso continuo y accesible.

La importancia de los hábitos de aprendizaje en la vida moderna

El aprendizaje continuo es esencial en la vida moderna, donde la tecnología, las metodologías de trabajo y el conocimiento se actualizan constantemente. Los hábitos de aprendizaje nos permiten adaptarnos a este ritmo de cambio y nos brindan una ventaja en el desarrollo profesional y personal. Aquellos que practican el aprendizaje continuo no solo amplían sus habilidades, sino que también fortalecen su capacidad para resolver problemas, pensar críticamente y adaptarse a situaciones inesperadas.

Además, aprender de forma regular alimenta nuestra curiosidad y mejora nuestra satisfacción y bienestar general. Al aprender algo nuevo, el cerebro libera dopamina, el neurotransmisor asociado con la recompensa y el placer, lo que refuerza la experiencia positiva del aprendizaje y nos motiva a continuar. Los hábitos de aprendizaje también nos ayudan a construir una mentalidad de crecimiento, una actitud que nos permite ver los desafíos y las dificultades como oportunidades de crecimiento en lugar de obstáculos.

Cómo desarrollar hábitos de aprendizaje

Para construir hábitos de aprendizaje efectivos y sostenibles, es importante adoptar un enfoque gradual y estructurado. Los siguientes pasos te ayudarán a integrar el aprendizaje continuo en tu vida diaria de manera realista y efectiva:

- **Define áreas de interés y objetivos de aprendizaje**: El primer paso es identificar las áreas en las que deseas aprender y establecer objetivos claros. Por ejemplo, si deseas aprender un nuevo idioma o adquirir una habilidad tecnológica, establece metas concretas, como "aprender 10 palabras nuevas al día" o "realizar un curso de programación". Definir áreas de interés te ayuda a dirigir tus esfuerzos y a mantenerte motivado.
- **Empieza con objetivos alcanzables**: Al igual que con otros hábitos, el progreso gradual es clave para desarrollar un hábito de aprendizaje sostenible. Comienza con metas pequeñas y alcanzables, como dedicar 10 minutos diarios a la lectura o a ver una conferencia en línea. Estos pequeños pasos te ayudarán a establecer una rutina de aprendizaje sin sentirte

abrumado, y a medida que te acostumbres, podrás
ampliar el tiempo y la dificultad.

- **Encuentra fuentes de aprendizaje variadas**: El
aprendizaje puede adoptar muchas formas, y una de las
mejores maneras de mantener la motivación es variar las
fuentes y los métodos de aprendizaje. Puedes leer libros,
escuchar podcasts, ver videos educativos, asistir a cursos
en línea o participar en talleres. Este enfoque diverso no
solo enriquece la experiencia de aprendizaje, sino que
también ayuda a retener la información de manera más
efectiva.

- **Programa tiempo para el aprendizaje en tu rutina
diaria**: Para que el aprendizaje se convierta en un hábito,
es fundamental asignar un tiempo específico en tu día o
semana. Puedes reservar un momento cada mañana para
leer, aprender algo nuevo durante el almuerzo o dedicar
unos minutos antes de dormir a repasar lo que
aprendiste. Al establecer un tiempo específico, conviertes
el aprendizaje en una parte de tu rutina y aumentas la
probabilidad de que se mantenga a largo plazo.

- **Usa el método de repetición espaciada**: La repetición
espaciada es una técnica de aprendizaje que consiste en
repasar la información en intervalos de tiempo
específicos para reforzar la memoria a largo plazo. Esta
técnica es especialmente útil para aprender conceptos
complejos o para retener información, como vocabulario
en un idioma nuevo. Puedes utilizar aplicaciones o
tarjetas de memoria para implementar la repetición
espaciada de manera efectiva.

- **Aplica lo aprendido en la vida real**: Uno de los aspectos
más importantes del aprendizaje es la aplicación práctica.
Al implementar lo que has aprendido en situaciones
cotidianas, refuerzas el conocimiento y facilitas la
integración del aprendizaje en tu vida. Por ejemplo, si

estás aprendiendo a programar, intenta crear un pequeño proyecto; si estás aprendiendo un idioma, usa las palabras nuevas en conversaciones.

Ejemplos de hábitos de aprendizaje

Los hábitos de aprendizaje se pueden personalizar según tus objetivos, intereses y tiempo disponible. A continuación, algunos ejemplos de hábitos de aprendizaje que pueden ayudarte a integrar el aprendizaje continuo en tu vida:

- **Leer todos los días**: La lectura es una fuente inagotable de conocimiento. Puedes establecer un objetivo diario de leer 10 o 15 páginas de un libro relacionado con tu campo de interés o con un tema nuevo. La lectura regular amplía tus conocimientos y te mantiene actualizado.

- **Escuchar podcasts educativos**: Los podcasts son una excelente forma de aprender mientras realizas otras actividades, como hacer ejercicio o desplazarte al trabajo. Escuchar podcasts educativos sobre ciencia, tecnología, historia o desarrollo personal te ayuda a absorber información de manera accesible y entretenida.

- **Ver videos educativos o conferencias en línea**: Hoy en día, existen muchas plataformas que ofrecen videos educativos gratuitos y de alta calidad, como TED, Khan Academy o YouTube. Dedicar unos minutos a ver un video sobre un tema de interés te permite expandir tu conocimiento de manera visual y dinámica.

- **Practicar una habilidad nueva regularmente**: Si deseas aprender una habilidad práctica, como tocar un instrumento o cocinar, establece un tiempo específico para practicarla cada semana. La repetición es esencial para perfeccionar habilidades y convertir el aprendizaje en un hábito.

- **Escribir o resumir lo aprendido**: Llevar un diario de aprendizaje o escribir resúmenes de lo que has aprendido cada día es una forma efectiva de consolidar el conocimiento. Al explicar la información con tus propias palabras, refuerzas la comprensión y la memoria de lo aprendido.

Estos ejemplos muestran que los hábitos de aprendizaje pueden adaptarse a diferentes intereses y estilos de vida. La clave es hacer que el aprendizaje sea una parte natural y disfrutable de tu rutina.

La mentalidad de crecimiento en los hábitos de aprendizaje

Un aspecto esencial de los hábitos de aprendizaje es la mentalidad de crecimiento, una actitud que sostiene que nuestras habilidades y conocimientos pueden desarrollarse a través de la dedicación y el esfuerzo. La mentalidad de crecimiento se opone a la mentalidad fija, que asume que nuestras habilidades son limitadas y no pueden mejorar significativamente. Adoptar una mentalidad de crecimiento es crucial para desarrollar hábitos de aprendizaje, ya que nos permite enfrentar los desafíos con optimismo y ver los errores como oportunidades de aprendizaje.

Al adoptar una mentalidad de crecimiento, aceptamos que el aprendizaje es un proceso continuo y que cada paso, por pequeño que sea, es una contribución valiosa a nuestro desarrollo. Esto nos permite mantener la motivación y perseverar en el proceso de aprendizaje, incluso cuando enfrentamos dificultades. Además, una mentalidad de crecimiento nos ayuda a buscar nuevos desafíos y a explorar áreas fuera de nuestra zona de confort, lo cual enriquece aún más la experiencia de aprendizaje.

Estrategias para mantener los hábitos de aprendizaje a largo plazo

Para asegurarte de que los hábitos de aprendizaje se mantengan a largo plazo y se integren en tu vida de manera sostenible, puedes aplicar algunas estrategias prácticas:

- **Establece metas de aprendizaje específicas y medibles**: Define objetivos concretos, como "leer un libro al mes" o "aprender 20 palabras nuevas cada semana". Estas metas te proporcionan una dirección clara y te ayudan a evaluar tu progreso.

- **Usa un sistema de recompensas**: Cada vez que completes un objetivo de aprendizaje, date una pequeña recompensa. Este sistema refuerza el comportamiento positivo y te motiva a mantener el hábito.

- **Integra el aprendizaje en tus actividades diarias**: Aprovecha momentos cotidianos para aprender, como escuchar un podcast mientras cocinas o leer un artículo mientras esperas en una fila. Estos pequeños momentos de aprendizaje suman y hacen que el proceso sea más natural.

- **Mantén un registro de tu progreso**: Llevar un diario o usar una aplicación de seguimiento te permite ver tus avances y mantenerte motivado. Cada vez que anotas un logro o un nuevo aprendizaje, refuerzas el hábito y te recuerdas a ti mismo la importancia del aprendizaje continuo.

- **Encuentra una comunidad de aprendizaje**: Unirte a grupos de personas con intereses similares puede ayudarte a mantener el compromiso y a enriquecer tu experiencia de aprendizaje. Compartir ideas y aprender en grupo fortalece el hábito y crea un entorno de apoyo.

- **Sé paciente y flexible**: Los hábitos de aprendizaje no siempre se desarrollan de manera lineal. Habrá

momentos en los que progreses más rápido y otros en los
que avances de manera más lenta. La paciencia y la
flexibilidad son claves para mantener el compromiso con
el aprendizaje a largo plazo.

Capítulo 3: Manteniendo la motivación

"La gente suele decir que la motivación no dura. Bueno, tampoco el baño, por eso se recomienda a diario." — Zig Ziglar

En este capítulo, aprenderás a identificar tus fuentes de motivación y cómo mantenerlas activas para seguir avanzando en tus objetivos, incluso cuando el entusiasmo inicial se desvanece. Descubrirás qué es la fuerza de voluntad y cómo entrenarla, además de estrategias para enfocarte en lo que realmente importa y evitar los saboteadores internos y externos que pueden alejarte de tus metas.

Exploraremos la importancia de una mentalidad de crecimiento y cómo el poder de la resiliencia te ayudará a superar los obstáculos con los que inevitablemente te encontrarás. Además, aprenderás la importancia de medir tu progreso, reconocer tus logros y encontrar pasión en lo que haces. Al finalizar este capítulo, tendrás una comprensión más profunda de cómo mantener viva la motivación para sostener la autodisciplina y acercarte cada vez más a tus sueños.

Cuáles son tus debilidades

Para mantener la motivación y alcanzar nuestras metas a largo plazo, es fundamental comprender y reconocer nuestras debilidades. A menudo, cuando intentamos construir nuevos hábitos o trabajar hacia un objetivo importante, las debilidades personales pueden actuar como obstáculos que dificultan nuestro progreso y afectan nuestra capacidad de mantenernos motivados. Sin embargo, lejos de ser un aspecto negativo, identificar nuestras debilidades nos permite conocer mejor nuestras áreas de mejora y diseñar estrategias que nos ayuden a superarlas.

El primer paso para aprovechar el conocimiento de nuestras debilidades es entender que estas no definen quiénes somos; son simplemente áreas en las que podemos trabajar para crecer y mejorar. Ser consciente de nuestras limitaciones nos permite abordar los desafíos con una mentalidad realista y orientada a la mejora continua.

La importancia de reconocer las debilidades personales

A menudo, las personas evitan analizar sus debilidades porque temen que reconocerlas sea un acto de autocrítica negativa o una señal de baja autoestima. Sin embargo, aceptar nuestras limitaciones es, en realidad, un acto de autoconocimiento y de valentía. Identificar nuestras debilidades no solo nos brinda una perspectiva honesta sobre nosotros mismos, sino que también nos permite desarrollar un plan efectivo para manejarlas.

Reconocer nuestras debilidades es clave para mantener la motivación, ya que nos ayuda a entender por qué ciertas metas se sienten más desafiantes o por qué tendemos a procrastinar en ciertas áreas. Por ejemplo, si identificas que tienes una tendencia a procrastinar o que te resulta difícil mantener la concentración, puedes planificar estrategias específicas para abordar esas debilidades en lugar de sentir frustración cada vez que aparecen. Al abordar nuestras debilidades de manera proactiva, evitamos caer en patrones de comportamiento autodestructivos y nos damos la oportunidad de construir un camino hacia el éxito.

Además, al reconocer nuestras debilidades, podemos establecer expectativas realistas y evitar la autocrítica cuando enfrentamos dificultades. En lugar de castigarnos por no cumplir con nuestros objetivos, podemos ver los contratiempos como oportunidades para ajustar nuestro enfoque y trabajar en nuestras áreas de mejora.

Cómo identificar tus debilidades personales

Para identificar tus debilidades, es necesario realizar un proceso de introspección que te permita observar tu comportamiento de manera objetiva y honesta. Este proceso no tiene que ser incómodo; es una oportunidad para comprenderte mejor y encontrar formas de mejorar.

Estas son algunas técnicas útiles para identificar tus debilidades personales:

- **Reflexiona sobre tus patrones de comportamiento**: Haz una lista de las situaciones en las que sientes que no has alcanzado tus expectativas o en las que has tenido dificultades para mantenerte motivado. Pregúntate si hay patrones recurrentes. Por ejemplo, ¿tienes problemas para mantener la constancia en los proyectos a largo plazo? ¿Te distraes fácilmente? ¿Procrastinas cuando enfrentas tareas difíciles?
- **Observa tus reacciones emocionales**: Las emociones pueden revelar mucho sobre nuestras debilidades. Si sientes frustración, ansiedad o inseguridad en ciertas situaciones, es posible que estas emociones estén señalando una debilidad específica. Por ejemplo, si te sientes nervioso al hablar en público, es probable que la

confianza en esa habilidad sea una debilidad que puedes
trabajar.

- **Pide retroalimentación**: Preguntar a personas de
confianza por su opinión sobre tus áreas de mejora puede
darte una perspectiva objetiva y ayudarte a identificar
aspectos que tal vez no habías notado. La
retroalimentación constructiva de colegas, amigos o
familiares puede brindarte una visión clara de las áreas
en las que podrías trabajar para mejorar.

- **Realiza una autoevaluación**: Existen herramientas de
autoevaluación, como pruebas de personalidad o
cuestionarios de habilidades, que te pueden ayudar a
entender mejor tus fortalezas y debilidades. Estas
herramientas no solo te brindan una evaluación objetiva,
sino que también te ayudan a ver cómo ciertos aspectos
de tu personalidad o habilidades pueden influir en tu
desempeño y motivación.

Las debilidades comunes que afectan la motivación

Si bien cada persona tiene fortalezas y debilidades únicas,
existen ciertas debilidades comunes que pueden afectar la
motivación y la capacidad de mantener hábitos. Algunas de las
debilidades más comunes incluyen:

- **Procrastinación**: La tendencia a postergar tareas difíciles
o incómodas es una debilidad que afecta la motivación
de muchas personas. La procrastinación genera un ciclo
de postergación y ansiedad que puede resultar en una
pérdida de motivación a largo plazo.

- **Falta de organización**: La organización es esencial para
establecer y cumplir objetivos. La falta de organización,
ya sea en la gestión del tiempo o en la estructuración de

las tareas, puede hacer que se sienta abrumador mantener la motivación en proyectos complejos.

- **Miedo al fracaso**: El miedo a equivocarse o a no alcanzar las expectativas puede hacer que evitemos los desafíos o abandonemos nuestras metas. Este miedo limita nuestra capacidad para mantener la motivación, ya que nos impide arriesgarnos y probar cosas nuevas.

- **Dificultad para concentrarse**: La falta de concentración es una debilidad que dificulta la capacidad de completar tareas y mantener la motivación en proyectos que requieren enfoque sostenido. En la era de la tecnología, las distracciones constantes pueden agravar esta debilidad.

- **Baja tolerancia a la frustración**: La frustración es una reacción común cuando enfrentamos dificultades o no vemos resultados inmediatos. Las personas con baja tolerancia a la frustración tienden a abandonar más fácilmente, lo cual afecta su capacidad para mantenerse motivadas en el largo plazo.

Conocer estas debilidades comunes y reflexionar sobre cuáles afectan tu vida es un paso crucial para entender los desafíos que podrías enfrentar en tu camino hacia tus metas. Identificar estas áreas te permite desarrollar estrategias específicas para abordarlas y evitar que se conviertan en obstáculos insuperables.

Estrategias para trabajar en tus debilidades y mantener la motivación

Una vez que has identificado tus debilidades, el siguiente paso es desarrollar estrategias que te permitan manejarlas y superarlas de manera efectiva. Abordar tus debilidades de manera proactiva te ayuda a mantener la motivación y a progresar en tus metas sin sentir que tus limitaciones son un obstáculo insuperable.

Con estas estrategias podrás trabajar en tus debilidades:

- **Establece metas alcanzables y progresivas**: Si tienes dificultades para mantener la motivación, evita establecer metas excesivamente ambiciosas. Divide tus objetivos en pasos pequeños y alcanzables. Esto reduce el riesgo de sentirte abrumado y aumenta la probabilidad de éxito, lo que fortalece tu confianza.
- **Practica la autocompasión**: Las debilidades son una parte natural de la experiencia humana. Ser compasivo contigo mismo en lugar de castigarte por tus limitaciones te ayuda a mantener una actitud positiva y a enfocarte en el progreso, en lugar de en la perfección.
- **Crea un plan específico para cada debilidad**: Si identificaste que la procrastinación es una de tus debilidades, crea un plan que incluya técnicas para abordarla, como el principio de 2 minutos o la técnica Pomodoro. Si tu debilidad es la falta de organización, establece un sistema de planificación diario que te ayude a estructurar tus tareas.
- **Desarrolla un sistema de recordatorios y recompensas**: Las recompensas son una excelente manera de motivarte a trabajar en tus debilidades. Puedes establecer pequeñas recompensas cada vez que completes una tarea o logres mantener la constancia en tu objetivo. Los recordatorios, como notas o alarmas en tu teléfono, te ayudan a no perder el enfoque y a mantener el compromiso.
- **Trabaja en tu mentalidad de crecimiento**: La mentalidad de crecimiento es la creencia de que nuestras habilidades y capacidades pueden desarrollarse con esfuerzo y dedicación. Al adoptar esta mentalidad, puedes ver tus

debilidades no como limitaciones permanentes, sino como áreas de mejora. Esta actitud te permite abordar los desafíos con una perspectiva positiva y optimista.

- **Crea un sistema de apoyo**: La ayuda de otras personas puede ser fundamental para trabajar en tus debilidades. Busca un amigo, familiar o colega que te ofrezca apoyo y motivación, y que te ayude a rendir cuentas de tu progreso. Compartir tus metas y desafíos con alguien de confianza puede hacer que el proceso se sienta menos solitario y más alcanzable.

- **Establece límites para reducir las distracciones**: Si la falta de concentración es una de tus debilidades, establece límites que te permitan reducir las distracciones. Esto podría incluir apagar las notificaciones del teléfono, establecer bloques de tiempo específicos para trabajar en tus tareas o dedicar un espacio en tu hogar exclusivamente para el estudio o el trabajo.

Cuál es tu motivación

La motivación es la fuerza interna que nos impulsa a actuar y a perseguir nuestras metas. Es el "por qué" detrás de cada esfuerzo, y es lo que nos permite persistir, incluso cuando las circunstancias son difíciles o el camino se vuelve desafiante. Comprender tu motivación es crucial para mantener el enfoque y el compromiso en el tiempo, y también para superar los obstáculos y contratiempos que inevitablemente aparecen en el camino hacia el logro de tus objetivos.

La motivación es una combinación de factores intrínsecos (internos) y extrínsecos (externos). La motivación intrínseca proviene de dentro y se basa en deseos, valores, pasiones y aspiraciones personales. Es lo que impulsa a alguien a aprender, mejorar o crecer por el puro placer y satisfacción que esto le proporciona. La motivación extrínseca, por otro lado, está influenciada por factores externos, como recompensas, reconocimiento, o la aprobación de los demás. Ambas formas de motivación pueden ser poderosas, y, a menudo, una combinación de las dos es lo que nos impulsa hacia el éxito.

Descubrir y clarificar tu motivación personal es fundamental, ya que te ayuda a tener una dirección clara, a superar la resistencia interna y a mantenerte constante en tus esfuerzos.

La importancia de conocer tu verdadera motivación

Saber cuál es tu verdadera motivación te da claridad y sentido de propósito. Cuando tus metas y tus acciones están alineadas con tus motivaciones más profundas, sientes una mayor satisfacción y te resulta más fácil enfrentar los desafíos que puedan surgir. Por otro lado, cuando trabajas hacia metas que no están alineadas con tus motivaciones, es probable que te sientas desmotivado o frustrado con el tiempo, lo que puede llevar a la procrastinación o incluso al abandono de tus objetivos.

La motivación es el "combustible" que nos impulsa a actuar, pero este combustible necesita ser renovado constantemente para que no se agote. Conocer qué te motiva realmente te ayuda a identificar las fuentes de motivación más duraderas y sostenibles, lo cual es fundamental para mantener el compromiso a largo plazo. Además, tener claridad sobre tu motivación te permite priorizar tus metas y tomar decisiones que estén alineadas con lo que realmente deseas alcanzar, en lugar de dejarte llevar por las expectativas externas o por objetivos que no reflejan tus intereses personales.

Cómo descubrir cuál es tu motivación

Identificar tu motivación puede ser un proceso de introspección profunda que requiere honestidad y autoconocimiento. A continuación, algunos pasos y preguntas que pueden ayudarte a descubrir qué es lo que realmente te motiva:

- **Reflexiona sobre tus valores personales**: Los valores son los principios que consideras más importantes en la vida, y son una guía fundamental para tus acciones y decisiones. Pregúntate qué valores son esenciales para ti. Por ejemplo, ¿valoras la libertad, la creatividad, la familia, el éxito profesional o la integridad? Al identificar tus valores, puedes entender mejor qué tipo de metas te motivarán genuinamente.

- **Explora tus pasiones e intereses**: ¿Qué actividades o temas despiertan tu interés y te hacen perder la noción del tiempo? Identificar tus pasiones te permite descubrir lo que realmente disfrutas y en lo que te sientes naturalmente motivado. Si puedes integrar tus pasiones en tus metas, es más probable que mantengas la motivación y la energía para alcanzarlas.

- **Pregúntate sobre tus objetivos a largo plazo**: Piensa en cómo te gustaría que fuera tu vida en cinco, diez o veinte años. ¿Qué quieres lograr? ¿Qué tipo de persona quieres ser? Visualizar tu futuro ideal puede darte una idea de las metas que realmente importan para ti y te ayuda a conectar con una motivación profunda.

- **Identifica tus necesidades emocionales**: La motivación está muy relacionada con nuestras necesidades emocionales, como la necesidad de reconocimiento, pertenencia, seguridad o independencia. Pregúntate si tus metas actuales están alineadas con estas necesidades. Si estás motivado, por ejemplo, por la seguridad, tus metas podrían estar orientadas a construir estabilidad en tu vida; si te motiva la independencia, tus metas pueden estar dirigidas hacia la autonomía y la libertad personal.

- **Diferencia entre motivación intrínseca y extrínseca**: Reflexiona sobre si tus metas están basadas en un deseo genuino de crecimiento personal o en expectativas externas. La motivación intrínseca (la que proviene de dentro) es generalmente más duradera y satisfactoria, ya que se basa en tus propios valores y deseos. La motivación extrínseca (que viene de factores externos) también puede ser útil, pero a menudo es menos sostenible a largo plazo. Es importante encontrar un equilibrio entre ambas y asegurarte de que tus metas estén, en su mayoría, alineadas con tus intereses personales.

La motivación intrínseca y extrínseca: un equilibrio necesario

Ambas formas de motivación, la intrínseca y la extrínseca, pueden ser útiles, y un equilibrio entre las dos suele ser ideal para mantener el enfoque y el compromiso en nuestras metas. La motivación intrínseca, impulsada por el disfrute y la satisfacción personal, tiende a ser más poderosa a largo plazo, ya que se basa en el interés genuino y en el deseo de crecimiento personal. Por ejemplo, si disfrutas aprender sobre un tema específico o mejorar una habilidad, es probable que mantengas el esfuerzo incluso sin recibir recompensas externas.

Por otro lado, la motivación extrínseca, que proviene de factores externos como recompensas, reconocimiento o incentivos financieros, también es efectiva y puede ser un complemento útil. La motivación extrínseca puede ser especialmente beneficiosa al inicio de un proyecto o hábito, ya que nos brinda un impulso inicial. Sin embargo, confiar únicamente en la motivación extrínseca puede ser riesgoso, ya que, si la recompensa externa desaparece, también podría desaparecer la motivación para continuar.

El equilibrio ideal es encontrar metas que te motiven desde adentro y reforzarlas con motivación extrínseca cuando sea posible. Por ejemplo, si te apasiona la escritura (motivación intrínseca), puedes encontrar un incentivo extrínseco participando en un concurso o compartiendo tus escritos con un grupo de lectores. Este enfoque te permite disfrutar del proceso mientras encuentras formas adicionales de mantenerte motivado.

Qué es la fuerza de voluntad

La fuerza de voluntad es la capacidad de controlar impulsos, resistir tentaciones y perseverar en una meta a pesar de las dificultades o de la falta de gratificación inmediata. A menudo, se la describe como una especie de "músculo mental" que nos permite priorizar nuestras metas a largo plazo sobre los deseos o necesidades inmediatas. Esta capacidad de autocontrol es fundamental para alcanzar el éxito en cualquier ámbito, ya que nos ayuda a tomar decisiones alineadas con nuestros objetivos y a mantener el compromiso en el tiempo.

La fuerza de voluntad nos permite superar la inercia de la procrastinación, resistir distracciones y actuar con disciplina, incluso cuando las circunstancias son desafiantes. Es la energía mental que utilizamos para decir "no" a las tentaciones que pueden desviarnos de nuestras metas y para decir "sí" a las acciones que nos acercan a nuestros objetivos, aunque no resulten atractivas o fáciles en el momento. Comprender qué es la fuerza de voluntad, cómo funciona y cómo fortalecerla es esencial para mantener la motivación y construir una vida alineada con nuestras aspiraciones más profundas.

La fuerza de voluntad como recurso limitado

La fuerza de voluntad, como recurso, tiene una capacidad limitada. Cada vez que tomamos una decisión que requiere autocontrol, como resistir una tentación o completar una tarea difícil, utilizamos una pequeña porción de nuestra energía de fuerza de voluntad. A lo largo del día, a medida que tomamos decisiones y controlamos impulsos, esta reserva de fuerza de voluntad se va agotando, lo que nos deja más vulnerables a ceder ante distracciones o deseos que pueden alejarnos de nuestras metas. Este fenómeno es conocido como "agotamiento del ego" o "agotamiento de la fuerza de voluntad."

Varios estudios en psicología han demostrado que, después de una serie de actividades que requieren autocontrol, como tomar decisiones difíciles o trabajar en tareas cognitivamente exigentes, es más probable que nos sintamos menos capaces de resistir la tentación y más inclinados a procrastinar o a tomar decisiones impulsivas. Por ejemplo, si durante el día has resistido la tentación de revisar constantemente tu teléfono mientras trabajabas, es probable que al final del día sientas menos resistencia a revisar tus redes sociales o a ceder a otras distracciones.

Sin embargo, aunque la fuerza de voluntad puede agotarse, también puede recuperarse y fortalecerse. La capacidad de recuperación de la fuerza de voluntad es similar a la de un músculo: después de un tiempo de descanso y recarga, recupera su capacidad. Comprender este proceso nos permite ser estratégicos en la manera en que usamos nuestra fuerza de voluntad y nos ayuda a priorizar nuestras metas más importantes en los momentos del día en que tenemos mayor autocontrol.

La importancia de la fuerza de voluntad en la consecución de metas

La fuerza de voluntad es un elemento clave en la consecución de metas porque actúa como un "puente" entre nuestros objetivos a largo plazo y nuestras decisiones diarias. Tener metas bien definidas y un plan para alcanzarlas es esencial, pero sin la fuerza de voluntad, es difícil que esos objetivos se conviertan en realidad. La fuerza de voluntad nos da la capacidad de actuar de manera alineada con nuestros valores y nuestras aspiraciones, a pesar de las tentaciones y los desafíos que puedan surgir en el camino.

Al desarrollar y fortalecer la fuerza de voluntad, ganamos la capacidad de trabajar de manera constante hacia nuestras metas, incluso cuando nos sentimos desmotivados o cansados. Esta capacidad de resistencia y perseverancia es lo que permite a las personas alcanzar logros significativos y crear una vida plena y satisfactoria. Sin embargo, depender exclusivamente de la fuerza de voluntad no siempre es sostenible. Para maximizar su efectividad, es necesario aprender a gestionar y a optimizar su uso mediante estrategias prácticas y hábitos que nos permitan utilizarla de manera inteligente.

Estrategias para fortalecer y conservar la fuerza de voluntad

Aunque la fuerza de voluntad puede agotarse, también puede fortalecerse con la práctica y mantenerse con el uso de estrategias efectivas. Al igual que un músculo, la fuerza de voluntad puede incrementarse a través de ejercicios de autocontrol y de un manejo consciente de los recursos mentales.

Estas son algunas estrategias para fortalecer y conservar la
fuerza de voluntad en el tiempo:

- **Desarrolla hábitos sólidos**: La creación de hábitos
  sólidos y automáticos en nuestra rutina diaria reduce la
  necesidad de utilizar la fuerza de voluntad en cada
  acción. Por ejemplo, si estableces el hábito de hacer
  ejercicio cada mañana, no necesitarás tomar una decisión
  consciente cada día. Los hábitos funcionan de manera
  automática, permitiendo que ahorremos fuerza de
  voluntad para situaciones en las que realmente la
  necesitemos.

- **Toma decisiones importantes temprano en el día**: Ya
  que la fuerza de voluntad tiende a agotarse con el
  tiempo, es útil tomar decisiones importantes y trabajar en
  tareas difíciles al inicio del día, cuando nuestras reservas
  de autocontrol están llenas. Programar actividades de
  alta prioridad para las primeras horas del día nos ayuda
  a aprovechar nuestra energía de manera más efectiva.

- **Evita las tentaciones siempre que sea posible**: En lugar
  de depender exclusivamente de la fuerza de voluntad
  para resistir las tentaciones, trata de evitarlas en la
  medida de lo posible. Si sabes que ciertas actividades o
  elementos (como el teléfono, las redes sociales o ciertos
  alimentos) son una fuente constante de tentación,
  organiza tu entorno para reducir el acceso a ellos. Esto
  reduce la carga en tu fuerza de voluntad y te ayuda a
  mantener el enfoque.

- **Practica la "exposición gradual"**: La exposición gradual
  es una técnica que consiste en exponerse a las tentaciones
  de manera controlada para fortalecer el autocontrol. Por
  ejemplo, si deseas reducir tu consumo de azúcar, en lugar
  de eliminarlo por completo, puedes empezar reduciendo
  gradualmente la cantidad de azúcar en tus comidas. Esta

técnica fortalece la fuerza de voluntad al permitirte enfrentar la tentación de manera manejable.

- **Reformula las tareas difíciles en términos positivos**: La forma en que interpretamos una tarea influye en nuestra capacidad para llevarla a cabo. Si en lugar de ver una tarea como una carga, la interpretamos como una oportunidad de crecimiento o como un paso hacia nuestras metas, es más fácil mantener la motivación y la fuerza de voluntad. Este cambio de perspectiva hace que el esfuerzo se sienta menos pesado y más satisfactorio.

- **Practica la meditación o el mindfulness**: La meditación y la práctica del mindfulness son herramientas poderosas para fortalecer la fuerza de voluntad. Al practicar la meditación, aumentas tu capacidad para observar tus pensamientos y emociones sin reaccionar automáticamente a ellos. Esta habilidad te permite tomar decisiones conscientes en lugar de ceder ante impulsos momentáneos, lo que fortalece tu autocontrol y tu capacidad para resistir la tentación.

- **Descansa y recarga**: El descanso es fundamental para recuperar la fuerza de voluntad. Dormir bien, tomar pausas regulares y dedicar tiempo a actividades que te recarguen de energía te permite mantener la motivación y la capacidad de autocontrol a lo largo del día. El descanso adecuado es esencial para evitar el agotamiento de la fuerza de voluntad y para asegurar que estés mentalmente preparado para enfrentar los desafíos.

El papel de la automotivación en el uso de la fuerza de voluntad

La automotivación es un factor fundamental para optimizar la fuerza de voluntad. Cuando estás motivado y alineado con tus metas, utilizar la fuerza de voluntad se vuelve menos desgastante, ya que sientes que el esfuerzo está dirigido a algo que te importa y que te acerca a tus sueños y aspiraciones. La automotivación actúa como un "recurso renovable" que alimenta la fuerza de voluntad y la hace más fácil de usar.

Para fortalecer la automotivación, recuerda el propósito detrás de tus metas y mantén una mentalidad de crecimiento. Reconocer que cada pequeño paso es una contribución significativa hacia tus metas ayuda a reducir el desgaste mental y a mantener la energía necesaria para seguir adelante. Además, visualizar el éxito y recordar tus logros pasados refuerza la motivación y hace que el uso de la fuerza de voluntad sea menos exigente y más placentero.

Cómo superar el agotamiento de la fuerza de voluntad

A pesar de nuestras mejores estrategias, habrá días en los que experimentemos agotamiento de la fuerza de voluntad, especialmente si hemos enfrentado decisiones difíciles o situaciones emocionalmente intensas. Para superar este agotamiento, es importante saber reconocer los síntomas y tomar medidas para recuperarse de manera eficaz:

- **Permítete pausas de descanso**: En lugar de forzarte a continuar cuando te sientes mentalmente agotado, toma una breve pausa. Un descanso de cinco a diez minutos, en el que te alejes de la tarea o te desconectes, te permitirá recuperar un poco de energía mental.
- **Recuerda tus motivaciones y recompensas**: Recordar el "por qué" detrás de tus metas te ayuda a recuperar la energía y la determinación para continuar. Además, recompensarte con algo pequeño después de realizar una tarea desafiante puede ayudarte a recargar tu motivación.
- **Establece metas pequeñas y realistas**: En momentos de agotamiento, enfócate en metas pequeñas que puedas alcanzar sin mucha dificultad. Cumplir estas pequeñas

metas te ayuda a restaurar la confianza en tu capacidad para avanzar y reduce la carga mental que sientes.

- **Practica la autocompasión**: El agotamiento de la fuerza de voluntad es algo común y humano. En lugar de criticarte por sentirte cansado o desmotivado, sé amable contigo mismo y acepta que descansar también es parte del proceso. La autocompasión te ayuda a evitar la culpa y a mantener una actitud positiva y realista.

Cuál es tu enfoque

El enfoque es la habilidad de centrar toda nuestra atención en una tarea o meta específica, permitiendo que nuestra mente y nuestras acciones se alineen hacia el cumplimiento de un objetivo claro. Esta capacidad es fundamental para sostener la autodisciplina y evitar la procrastinación, pues cuando dirigimos nuestra atención de manera consciente hacia lo que realmente importa, nuestras acciones se tornan más efectivas y nuestro progreso hacia las metas se acelera.

El enfoque, lejos de ser un estado mental pasivo, es un esfuerzo activo que requiere práctica y entrenamiento, y su desarrollo impacta directamente en nuestra capacidad de cumplir con nuestras intenciones a largo plazo. Para entender cómo mejorar y mantener el enfoque, es útil explorar las investigaciones científicas que explican cómo funciona la atención en el cerebro y cómo podemos optimizarla para alinear nuestras acciones con nuestros propósitos.

La ciencia detrás del enfoque y su papel en la autodisciplina

Un estudio realizado en la Universidad de California, Berkeley, demostró que cuando las personas se enfocan intensamente en una tarea, se activa en su cerebro una red denominada "red ejecutiva" o "red de control cognitivo", la cual facilita la

resistencia a las distracciones y permite mantener la
concentración. Esta red es particularmente importante para
quienes desean desarrollar una autodisciplina sólida, ya que nos
permite elegir acciones alineadas con nuestras metas en lugar de
dejarnos llevar por impulsos inmediatos. Al activar esta red, el
cerebro puede descartar estímulos irrelevantes y centrar su
energía en los elementos que resultan prioritarios para el logro
de nuestras aspiraciones.

Además, investigaciones de la Universidad de Harvard han
señalado que el enfoque puede ser visto como un "estado de
flujo", un término que describe una inmersión profunda y
concentrada en una tarea específica. Este estado, descrito
inicialmente por el psicólogo Mihaly Csikszentmihalyi, es
fundamental para la productividad y la autodisciplina, pues
permite que las personas mantengan el compromiso en
actividades desafiantes pero alcanzables, lo que a su vez
aumenta la satisfacción personal y la motivación para continuar
trabajando hacia sus objetivos. En el estado de flujo, las
distracciones pierden fuerza, la procrastinación se reduce y la
percepción del tiempo cambia, lo cual es invaluable para
quienes buscan mantener una disciplina constante y un avance
sostenido.

El impacto de las distracciones en el enfoque y la
autodisciplina

Uno de los grandes enemigos del enfoque, y por ende de la
autodisciplina, es la distracción. Las distracciones, que son
especialmente numerosas en nuestra era digital, dispersan la
atención, dificultan la concentración y nos alejan de nuestras
metas. Esta pérdida de tiempo tiene un impacto acumulativo
que afecta gravemente la productividad y la capacidad para
mantener un progreso consistente hacia las metas.

Por otro lado, la constante interrupción de nuestras tareas también afecta nuestro cerebro a nivel neuroquímico. Cada vez que somos interrumpidos y decidimos revisar una notificación o cambiar de actividad, el cerebro libera una pequeña cantidad de dopamina, el neurotransmisor relacionado con la recompensa y el placer. Si bien esta liberación es placentera en el momento, afecta nuestra autodisciplina y contribuye a la formación de hábitos de procrastinación, ya que el cerebro comienza a asociar las distracciones con una gratificación rápida, en lugar de vincular el enfoque sostenido con el logro de nuestras metas a largo plazo.

Es necesario construir un entorno y unas prácticas que fortalezcan nuestro enfoque. Si queremos desarrollar una autodisciplina eficaz que nos permita mantenernos constantes en nuestras metas, es fundamental entender que el enfoque requiere más que simplemente "querer" concentrarse. Es un proceso que se construye conscientemente y que puede ser fortalecido al reducir las interrupciones y al aprender a redirigir nuestra atención de manera intencional.

El entrenamiento del enfoque y su relación con la autodisciplina

Al igual que la fuerza de voluntad, el enfoque es una habilidad que puede desarrollarse y fortalecerse con el tiempo mediante la práctica y el entrenamiento adecuado. Un estudio de la Universidad de Wisconsin-Madison demostró que la práctica de la meditación de atención plena o "mindfulness" tiene un efecto significativo en la mejora de la capacidad de enfoque. Los participantes que practicaron mindfulness regularmente mostraron una mayor habilidad para mantener la concentración en tareas específicas, así como una disminución en la respuesta emocional ante las distracciones.

El estudio mostró que la meditación no solo aumenta la capacidad de enfoque, sino que también modifica la estructura del cerebro, especialmente la corteza prefrontal. Estas modificaciones estructurales refuerzan el autocontrol y la capacidad de dirigir la atención hacia las metas a largo plazo, lo cual es un componente esencial de la autodisciplina. Esto implica que, al practicar ejercicios que entrenen el enfoque, no solo mejoramos nuestra capacidad de concentración, sino que también estamos fortaleciendo nuestra disciplina y nuestra capacidad para resistir impulsos que puedan alejarnos de nuestros objetivos.

Además, el Instituto Max Planck en Alemania encontró que la práctica de la concentración sostenida aumenta la densidad de materia gris en el cerebro, especialmente en áreas responsables de la memoria y el autocontrol. Esto significa que, a medida que entrenamos nuestro enfoque, también fortalecemos nuestra capacidad para recordar nuestras metas y actuar de manera coherente con ellas, evitando que las distracciones y la gratificación inmediata interfieran en nuestro camino hacia el éxito. En términos de autodisciplina, este desarrollo neuronal es invaluable, pues nos permite tomar decisiones consistentes y comprometidas con nuestras aspiraciones, incluso cuando enfrentamos dificultades o falta de motivación.

El enfoque como clave para una autodisciplina constante

A medida que profundizamos en el papel del enfoque en el logro de nuestras metas, queda claro que la capacidad de mantener la atención es fundamental para desarrollar una autodisciplina sólida. Sin un enfoque claro, es fácil perder de vista nuestras prioridades y ser arrastrados por tareas o actividades que no contribuyen al cumplimiento de nuestras metas. Por el contrario, cuando desarrollamos un enfoque fuerte, nos damos el espacio para tomar decisiones conscientes y avanzamos de manera consistente en nuestros objetivos.

En este sentido, el enfoque no solo es una herramienta para evitar distracciones, sino que también nos permite tomar control de nuestra mente y dirigirla hacia las acciones que realmente nos acercan al éxito. Cuando nos enfocamos en lo que queremos lograr y en el propósito que hay detrás de cada meta, desarrollamos una autodisciplina que no depende de la fuerza de voluntad momentánea, sino de un compromiso profundo y sostenido con nuestras aspiraciones.

Las investigaciones científicas y los avances en neurociencia respaldan la idea de que el enfoque puede entrenarse y fortalecerse, y que esta habilidad es esencial para construir una autodisciplina duradera. A través de la práctica del mindfulness, el control de las distracciones y la claridad en nuestras metas, podemos mejorar nuestra capacidad para mantenernos enfocados en lo que realmente importa, resistiendo las tentaciones de corto plazo y manteniendo una trayectoria constante hacia el éxito.

Qué es el autocontrol

El autocontrol es la capacidad de regular nuestros impulsos, emociones y acciones para alinearlas con nuestros objetivos a largo plazo, en lugar de dejarnos llevar por deseos inmediatos o reacciones impulsivas. Es una habilidad fundamental para mantener la motivación y sostener el progreso hacia nuestras metas, especialmente en momentos en los que las distracciones, las tentaciones o las dificultades nos ponen a prueba. En esencia, el autocontrol es el "puente" que conecta nuestra intención de lograr algo importante con nuestra capacidad de tomar decisiones coherentes y disciplinadas en el día a día.

El autocontrol desempeña un papel central en la autodisciplina, ya que nos permite actuar de manera consistente y conforme a nuestros valores y objetivos, sin depender únicamente de la motivación momentánea o la gratificación inmediata. Sin autocontrol, es fácil que nuestras metas a largo plazo se vean eclipsadas por deseos o emociones que surgen de forma espontánea y que, aunque gratificantes en el momento, pueden desviarnos de nuestros objetivos más importantes.

La ciencia del autocontrol: cómo funciona en el cerebro

El autocontrol no es simplemente una cuestión de "fuerza de voluntad" o de "firmeza de carácter", sino que se basa en mecanismos específicos dentro del cerebro. Investigaciones en neurociencia han demostrado que el autocontrol se produce gracias a la interacción de varias regiones cerebrales, siendo la corteza prefrontal una de las más importantes. La corteza prefrontal, situada en la parte frontal del cerebro, es responsable de la toma de decisiones, la planificación, el razonamiento y la regulación de impulsos. Esta área actúa como un "filtro" que nos ayuda a valorar las consecuencias de nuestras acciones y a tomar decisiones basadas en metas a largo plazo, en lugar de reaccionar impulsivamente a deseos inmediatos.

Un estudio de la Universidad de Stanford reveló que la corteza prefrontal se activa de manera especial cuando una persona se enfrenta a una tentación y elige resistirla. Durante el estudio, se observó que los participantes que mostraban mayor actividad en esta área cerebral eran capaces de posponer la gratificación inmediata y priorizar acciones alineadas con sus metas a largo plazo. Este hallazgo demuestra que el autocontrol es un proceso mental complejo que implica la regulación de impulsos y el análisis de las consecuencias futuras, factores que son esenciales para la autodisciplina y la motivación sostenida.

Por otro lado, otra región del cerebro conocida como la amígdala, que forma parte del sistema límbico, es responsable de las respuestas emocionales y los impulsos. En situaciones en las que experimentamos deseos fuertes o emociones intensas, la amígdala tiende a reaccionar con rapidez, generando impulsos que buscan gratificación inmediata o la evitación de incomodidades. Para ejercer el autocontrol, la corteza prefrontal debe "moderar" la respuesta de la amígdala, de modo que podamos tomar decisiones racionales y orientadas hacia nuestras metas a largo plazo. Esta interacción constante entre la corteza prefrontal y la amígdala es fundamental para desarrollar y mantener el autocontrol, especialmente en situaciones en las que enfrentamos tentaciones o distracciones.

La importancia del autocontrol en la autodisciplina y la motivación

El autocontrol es uno de los pilares de la autodisciplina, ya que nos permite avanzar hacia nuestras metas con constancia y determinación, independientemente de las dificultades o de las distracciones que puedan surgir en el camino. Sin autocontrol, es fácil que nuestros esfuerzos se vean interrumpidos por el deseo de gratificación inmediata, lo cual puede llevarnos a la procrastinación o a la falta de consistencia en nuestras acciones. Sin embargo, cuando ejercemos el autocontrol, somos capaces de priorizar nuestras metas y de tomar decisiones que nos acercan al éxito, aunque requieran esfuerzo o posterguen la recompensa.

Un famoso experimento de autocontrol realizado en la Universidad de Stanford, conocido como el "experimento del malvavisco", ilustra cómo el autocontrol en la infancia está vinculado al éxito en la adultez. En este experimento, a un grupo de niños se les ofreció un malvavisco y se les dijo que, si esperaban sin comerlo durante un tiempo, recibirían un segundo malvavisco. Algunos niños fueron capaces de esperar, mientras que otros no. Los investigadores hicieron un seguimiento de los participantes años después y encontraron que los niños que habían ejercido autocontrol al esperar el segundo malvavisco mostraban mayores niveles de éxito académico, habilidades de resolución de problemas y estabilidad emocional en la vida adulta. Este estudio respalda la idea de que el autocontrol es un factor crucial para alcanzar el éxito a largo plazo y mantener la motivación frente a los desafíos.

El autocontrol no solo afecta nuestras decisiones a nivel individual, sino que también influye en nuestro bienestar general y en la calidad de nuestras relaciones interpersonales. Cuando somos capaces de regular nuestras emociones y deseos, podemos mantener relaciones más estables y tomar decisiones que contribuyan a nuestra salud mental y física. En este sentido, el autocontrol no solo facilita el logro de metas personales, sino que también nos ayuda a vivir una vida equilibrada y satisfactoria.

El poder de la resiliencia

La resiliencia es la capacidad de enfrentar y superar los desafíos, las adversidades y los contratiempos que inevitablemente se presentan en el camino hacia nuestras metas. Es la habilidad de recuperarse de los momentos difíciles y de adaptarse con flexibilidad a las circunstancias cambiantes, sin perder de vista nuestros objetivos. Más que una simple capacidad de "resistencia", la resiliencia implica aprender de las experiencias y fortalecerse a través de ellas. Esta cualidad es fundamental para mantener la motivación, pues nos permite perseverar en el largo plazo y sostener el enfoque en nuestras metas, incluso cuando las circunstancias no son ideales.

La resiliencia se ha convertido en un tema de gran interés para la psicología y la neurociencia, ya que se ha demostrado que influye profundamente en la capacidad de una persona para tener éxito y para sentirse satisfecha en la vida. La resiliencia no solo nos ayuda a mantener la motivación en momentos de dificultad, sino que también nos permite construir una mentalidad de crecimiento, lo cual es clave para desarrollar la autodisciplina y evitar la procrastinación.

La resiliencia desde una perspectiva científica

Desde un punto de vista científico, la resiliencia está vinculada a varios procesos mentales y neurológicos que permiten a las personas enfrentar el estrés y adaptarse a situaciones difíciles. Uno de los hallazgos más significativos en la investigación sobre resiliencia es el papel de la corteza prefrontal. La corteza prefrontal nos ayuda a procesar y a interpretar las experiencias difíciles de manera que podamos encontrar soluciones, adaptarnos a nuevas realidades y actuar con claridad en momentos de crisis.

Un estudio realizado por la Universidad de Yale demostró que las personas con altos niveles de resiliencia muestran una mayor actividad en la corteza prefrontal cuando enfrentan situaciones estresantes. Esto les permite regular mejor sus emociones y responder de manera calmada y proactiva, en lugar de dejarse llevar por el miedo o la frustración. Este hallazgo sugiere que la resiliencia es, en gran medida, una habilidad que puede desarrollarse mediante la práctica y el entrenamiento mental, y que está relacionada con nuestra capacidad para mantener la autodisciplina y la motivación incluso en medio de dificultades.

Además, la amígdala, una región del cerebro involucrada en las respuestas emocionales intensas, también desempeña un papel crucial en la resiliencia. En momentos de estrés, la amígdala se activa, generando una respuesta emocional que puede incluir miedo o ansiedad. Sin embargo, en personas resilientes, la corteza prefrontal es capaz de moderar la respuesta de la amígdala, lo que permite enfrentar los desafíos con una perspectiva equilibrada y positiva. Esta regulación emocional es clave para mantener la motivación y evitar la desmotivación en momentos de crisis, ya que nos permite ver las adversidades como oportunidades de aprendizaje en lugar de como obstáculos insuperables.

La resiliencia también está relacionada con la producción de ciertas hormonas y neurotransmisores. La serotonina y la dopamina, por ejemplo, son neurotransmisores que influyen en nuestro estado de ánimo y en nuestra capacidad para experimentar placer y satisfacción. Estudios han demostrado que los niveles estables de estas sustancias en el cerebro contribuyen a una mayor resiliencia, pues permiten que las personas se sientan motivadas y optimistas a pesar de las dificultades. Esto significa que mantener un estilo de vida saludable, que incluya ejercicio físico, una buena alimentación y un sueño adecuado, no solo fortalece nuestro cuerpo, sino que también mejora nuestra capacidad para ser resilientes y sostener la motivación.

La resiliencia como motor de la motivación

La resiliencia es fundamental para la motivación, especialmente cuando nos enfrentamos a obstáculos que amenazan con desviar nuestro enfoque y compromiso. Las personas resilientes no solo son capaces de sobreponerse a las dificultades, sino que también aprenden de ellas y utilizan esas experiencias como herramientas para fortalecer su determinación y su autodisciplina. La resiliencia permite transformar las dificultades en oportunidades de crecimiento y ver los fracasos no como el fin de un camino, sino como pasos necesarios hacia el éxito.

La resiliencia está directamente relacionada con una mentalidad de crecimiento, es decir, la creencia de que nuestras habilidades y capacidades pueden desarrollarse con el esfuerzo y la práctica. Las personas con una mentalidad de crecimiento suelen ver los desafíos y las dificultades como oportunidades de mejora, lo cual aumenta su capacidad para mantener la motivación y perseverar en sus metas. Esta mentalidad resiliente es clave para sostener el compromiso en el tiempo, ya que nos permite asumir la responsabilidad de nuestro progreso y tomar decisiones que refuercen nuestra autodisciplina.

La resiliencia también nos ayuda a construir una "visión de largo plazo". Cuando somos resilientes, somos capaces de ver más allá de los problemas momentáneos y de enfocarnos en los beneficios y logros que pueden alcanzarse en el futuro. Esta perspectiva a largo plazo es fundamental para mantener la motivación, ya que nos ayuda a soportar las dificultades sin perder de vista nuestras metas. A diferencia de una motivación basada solo en el entusiasmo o la gratificación inmediata, la resiliencia nos permite sostener nuestro enfoque incluso cuando los resultados no son inmediatos o cuando enfrentamos contratiempos que dificultan nuestro avance.

El poder de la resiliencia en la autodisciplina y la constancia

La resiliencia no solo fortalece nuestra motivación, sino que también mejora nuestra capacidad para desarrollar y mantener la autodisciplina. Cuando somos resilientes, somos capaces de mantener el compromiso y el esfuerzo necesarios para alcanzar nuestras metas, sin dejarnos vencer por la frustración o el agotamiento. La autodisciplina requiere de un esfuerzo constante y de una toma de decisiones coherente con nuestras aspiraciones, y la resiliencia nos ayuda a sostener ese esfuerzo incluso en momentos en los que la motivación puede estar en baja.

Además, la resiliencia nos ayuda a regular nuestras emociones y a mantener la calma en situaciones de estrés. Esta capacidad para gestionar el estrés es fundamental para la autodisciplina, ya que el estrés y las emociones intensas pueden llevarnos a tomar decisiones impulsivas o a abandonar nuestros compromisos. Cuando somos resilientes, somos capaces de mantener una perspectiva equilibrada, de actuar de acuerdo con nuestros valores y metas, y de tomar decisiones que nos acercan al éxito. Esta capacidad de control emocional es uno de los aspectos más valiosos de la resiliencia, y nos permite sostener la motivación y la disciplina en el tiempo.

Cómo fortalecer la resiliencia para mantener la motivación

La resiliencia no es una cualidad innata; es una habilidad que puede desarrollarse y fortalecerse a través de la práctica y el entrenamiento mental. Al igual que el autocontrol y el enfoque, la resiliencia se fortalece cuando nos exponemos a situaciones difíciles y aprendemos a gestionar nuestras emociones de manera constructiva. Cada vez que superamos un obstáculo o enfrentamos un desafío sin perder de vista nuestras metas, estamos construyendo nuestra resiliencia y nuestra capacidad para mantener la motivación en momentos de dificultad.

La práctica de la meditación y el mindfulness puede ayudar a desarrollar la resiliencia, ya que estas prácticas mejoran la regulación emocional y la capacidad de mantener la calma en situaciones estresantes. Además, la adopción de una mentalidad de crecimiento —la creencia de que nuestras habilidades y capacidades pueden desarrollarse con el esfuerzo— es fundamental para construir la resiliencia, ya que nos permite ver los desafíos como oportunidades de aprendizaje y mejora. Estas prácticas no solo fortalecen la resiliencia, sino que también nos ayudan a mantener la motivación y la autodisciplina en el camino hacia nuestras metas.

Cómo identificar y controlar los distractores

Los distractores son uno de los principales obstáculos para mantener la motivación y la autodisciplina. En la vida moderna, los distractores están en todas partes: desde las notificaciones de redes sociales hasta los correos electrónicos constantes y las interrupciones inesperadas. La capacidad de identificar y controlar estos distractores es esencial para sostener el enfoque y evitar la procrastinación, factores fundamentales para alcanzar nuestras metas de manera efectiva. Comprender cómo los distractores afectan el cerebro y cómo gestionarlos es clave para fortalecer la autodisciplina y mantenernos motivados en el camino hacia el éxito.

La ciencia detrás de los distractores y su impacto en la atención

La atención humana es un recurso limitado, y cada vez que cambiamos de una tarea a otra, perdemos eficiencia y concentración. Un estudio realizado por la Universidad de California en Irvine, encontró que cada vez que una persona es interrumpida durante una tarea, puede tardar hasta 23 minutos en recuperar completamente el enfoque. Esto se debe a que el cerebro necesita realizar una "reconfiguración" cuando cambia de contexto, lo cual implica un desgaste cognitivo que afecta la productividad y la motivación.

Este estudio demostró que las interrupciones, aunque breves, generan una acumulación de "fragmentación de la atención" que, con el tiempo, reduce la capacidad de concentración y aumenta el nivel de estrés. Al experimentar interrupciones constantes, nuestro cerebro comienza a anticiparlas, lo que incrementa la ansiedad y reduce la capacidad de trabajar de manera continua en una tarea específica. Para quienes buscan desarrollar una autodisciplina sólida, esta fragmentación de la atención puede convertirse en un obstáculo significativo, ya que reduce la capacidad de enfocarse en los pasos necesarios para lograr sus metas a largo plazo.

Otra investigación relevante, realizada por el Instituto de Tecnología de Massachusetts (MIT), reveló que el cerebro libera pequeñas dosis de dopamina cada vez que revisamos el teléfono o las redes sociales, lo cual genera una sensación de recompensa temporal. Sin embargo, esta "gratificación instantánea" se convierte en un hábito que fragmenta el enfoque y reduce la capacidad de autocontrol. A largo plazo, este comportamiento entrena al cerebro para buscar constantemente estos micro-recompensas, lo cual hace que sea aún más difícil concentrarse en tareas que requieren un esfuerzo sostenido y en metas que no ofrecen una gratificación inmediata. Esto genera un ciclo de distracción que afecta no solo la productividad, sino también la motivación y el compromiso con los objetivos a largo plazo.

Estrategias para identificar y controlar los distractores

Para mantener la motivación y evitar que los distractores debiliten nuestra autodisciplina, es fundamental adoptar estrategias que nos permitan identificar las fuentes de distracción y limitar su impacto en nuestro entorno. A continuación, algunos pasos que pueden ayudar a gestionar los distractores de manera efectiva:

- **Realiza una auditoría de tus distracciones**: Para controlar las distracciones, primero es necesario identificarlas. Durante una semana, lleva un registro de los momentos en los que pierdes el enfoque y anota cuáles son las principales fuentes de distracción. Pueden ser notificaciones del teléfono, correos electrónicos, interrupciones del entorno o incluso pensamientos recurrentes. Esta auditoría te ayudará a reconocer los patrones de distracción y a tomar decisiones conscientes para reducirlos.

- **Configura tu entorno de trabajo para minimizar distracciones**: El entorno en el que trabajas juega un papel crucial en tu capacidad para mantener la concentración. Si el teléfono es una fuente constante de distracción, puedes ponerlo en modo avión o dejarlo en otra habitación durante las horas de trabajo. Si las redes sociales representan una tentación, considera el uso de aplicaciones de bloqueo que limiten el acceso durante ciertas horas del día.

- **Establece bloques de tiempo para tareas sin interrupciones**: Trabajar en bloques de tiempo sin interrupciones, como la técnica Pomodoro, puede ser muy útil para proteger tu atención. Dedica períodos específicos al trabajo profundo, sin interrupciones, y reserva otros momentos del día para revisar correos electrónicos o responder mensajes. Esta estructura ayuda a mantener el enfoque y permite que el cerebro se ajuste a un ritmo de trabajo constante y productivo.

- **Entrena tu mente para resistir los distractores internos**: No todos los distractores son externos; algunos vienen de nuestra propia mente, como pensamientos, preocupaciones o ideas que surgen de repente. La práctica del mindfulness y de la meditación puede ayudarte a observar tus pensamientos sin reaccionar a ellos, lo que reduce el impacto de los distractores internos y mejora tu capacidad para mantener la concentración.

- **Crea un sistema de recompensas diferidas**: Si sientes la necesidad de revisar el teléfono o las redes sociales, establece un sistema de recompensas diferidas. Por ejemplo, concédete cinco minutos de descanso en redes sociales solo después de haber completado una tarea importante. Esta técnica refuerza la autodisciplina y permite que el cerebro se habitúe a recibir gratificación solo después de un esfuerzo productivo.

La mentalidad de crecimiento

La mentalidad de crecimiento es la creencia de que nuestras habilidades, conocimientos y capacidades pueden desarrollarse y mejorar a través del esfuerzo, la perseverancia y el aprendizaje continuo. A diferencia de la mentalidad fija, que asume que nuestras capacidades son estáticas y limitadas, la mentalidad de crecimiento nos impulsa a ver cada desafío, fracaso o retroceso como una oportunidad de aprendizaje. Esta perspectiva es fundamental para mantener la motivación a lo largo del tiempo, ya que nos permite enfrentar las dificultades sin sentirnos derrotados y sostener el esfuerzo hacia nuestras metas incluso en momentos de adversidad.

La mentalidad de crecimiento, un concepto popularizado por la psicóloga Carol Dweck en su libro Mindset: The New Psychology of Success (Mentalidad: la nueva psicología del éxito), se ha convertido en un pilar importante en la psicología del éxito y la motivación. Las investigaciones de Dweck y otros expertos en neurociencia han demostrado que esta forma de pensar no solo mejora el rendimiento y la resiliencia, sino que también activa respuestas neurológicas que favorecen la perseverancia y el autocontrol, factores clave para mantener la autodisciplina.

El estudio de Carol Dweck y sus hallazgos sobre la mentalidad de crecimiento

Carol Dweck y su equipo de investigación en la Universidad de Stanford realizaron una serie de estudios con estudiantes para explorar cómo sus creencias sobre la inteligencia y las habilidades influían en su motivación, su capacidad para superar los fracasos y su rendimiento académico. En uno de los experimentos más conocidos, Dweck y su equipo observaron cómo dos grupos de estudiantes respondían a un problema difícil de matemáticas. Los estudiantes con una mentalidad fija tendían a rendirse rápidamente, interpretando el desafío como una señal de que no eran "lo suficientemente buenos" o "inteligentes" para resolverlo. En contraste, los estudiantes con una mentalidad de crecimiento veían el problema como una oportunidad para mejorar y demostraron una mayor disposición a seguir intentándolo y a buscar soluciones.

El estudio de Dweck demostró que los estudiantes con mentalidad de crecimiento tenían una mayor capacidad para perseverar y aprender de sus errores, factores que fortalecían su autodisciplina y su motivación a lo largo del tiempo. Estos estudiantes no se veían limitados por sus fracasos, sino que utilizaban cada error como una lección para mejorar. Este enfoque les permitía mantener el compromiso con sus metas y continuar avanzando hacia sus objetivos, a diferencia de los estudiantes con mentalidad fija, quienes tendían a evitar los desafíos y a desmotivarse fácilmente al enfrentar dificultades.

Dweck concluyó que la mentalidad de crecimiento es esencial para la motivación y la autodisciplina porque nos permite enfrentar los obstáculos con una actitud resiliente y abierta al aprendizaje. Al asumir que nuestras capacidades pueden mejorar con el esfuerzo, desarrollamos una perspectiva positiva que nos ayuda a perseverar en momentos de dificultad y a evitar la procrastinación, ya que cada paso, por pequeño que sea, se convierte en una oportunidad para progresar.

La relación entre la mentalidad de crecimiento, la neuroplasticidad y el desarrollo del cerebro

La neurociencia ha demostrado que la mentalidad de crecimiento está respaldada por un proceso neurológico llamado neuroplasticidad, que es la capacidad del cerebro para cambiar y adaptarse a nuevas experiencias y aprendizajes a lo largo de la vida. Cuando las personas creen que sus habilidades pueden mejorar, su cerebro responde de manera distinta a los desafíos. En estudios con imágenes de resonancia magnética funcional (fMRI), investigadores han encontrado que las personas con mentalidad de crecimiento presentaban una mayor activación en el hipocampo y la corteza prefrontal, áreas asociadas con el aprendizaje, la resolución de problemas y el control emocional.

Este hallazgo es importante porque demuestra que, al adoptar una mentalidad de crecimiento, no solo estamos cambiando nuestra actitud, sino que también estamos entrenando a nuestro cerebro para adaptarse mejor a las experiencias de aprendizaje. Las personas con una mentalidad de crecimiento tienden a ser más receptivas a la retroalimentación y al esfuerzo, y sus cerebros refuerzan estas conexiones cada vez que enfrentan un desafío y lo ven como una oportunidad de aprendizaje en lugar de una amenaza.

Además, los investigadores observaron que, cuando las personas con mentalidad de crecimiento cometen errores, sus cerebros activan patrones de actividad relacionados con el análisis y la corrección de esos errores. En contraste, las personas con mentalidad fija tienden a evitar los errores o a reaccionar de forma negativa a ellos, lo cual limita su capacidad para aprender y reducir sus oportunidades de mejora. Este proceso es fundamental para la autodisciplina y la motivación a largo plazo, ya que permite que cada experiencia desafiante se convierta en un paso positivo hacia nuestras metas.

La mentalidad de crecimiento como fundamento de la autodisciplina y la motivación

La mentalidad de crecimiento nos permite ver el esfuerzo como un componente esencial del éxito, en lugar de un signo de debilidad o de limitación. Cuando creemos que nuestras habilidades pueden desarrollarse, es más fácil aceptar el esfuerzo y la disciplina necesarios para alcanzar nuestras metas. Este enfoque nos ayuda a mantener la motivación en el tiempo, ya que cada acción que tomamos para mejorar se siente valiosa y alineada con nuestras aspiraciones.

Además, la mentalidad de crecimiento nos protege de la desmotivación al brindarnos una perspectiva optimista sobre los fracasos. Las personas con esta mentalidad entienden que los errores y las dificultades son una parte natural del proceso de aprendizaje y, por lo tanto, son capaces de mantener el enfoque y la disciplina en momentos de dificultad. En lugar de ver el fracaso como una señal de que deben abandonar sus metas, lo interpretan como una lección valiosa que los acercará al éxito en el futuro.

Este enfoque se refleja en todas las áreas de la vida: en el trabajo, en el desarrollo de habilidades, en los estudios e incluso en las relaciones personales. La mentalidad de crecimiento fomenta la perseverancia y la constancia, que son elementos clave de la autodisciplina. Cuando creemos que el aprendizaje y la mejora son posibles, nuestra motivación se mantiene activa, ya que cada experiencia se convierte en una oportunidad de crecimiento y cada obstáculo en una oportunidad para desarrollar habilidades y fortalezas.

Estudios sobre la mentalidad de crecimiento en la vida adulta y su impacto en la motivación

Aunque la mentalidad de crecimiento se ha estudiado ampliamente en contextos educativos, investigaciones recientes han demostrado que sus beneficios se extienden a la vida adulta y al entorno laboral. Un estudio realizado por la Universidad de Stanford analizó a profesionales en diferentes industrias y encontró que aquellos con una mentalidad de crecimiento tendían a mostrar niveles más altos de satisfacción laboral, mejor rendimiento y una mayor capacidad para adaptarse a los cambios en el trabajo.

El estudio demostró que la mentalidad de crecimiento no solo fomenta la motivación individual, sino que también tiene un impacto positivo en el entorno de trabajo. Los participantes con mentalidad de crecimiento mostraron una mayor disposición a colaborar con otros, a asumir nuevos retos y a aprender de sus compañeros, lo cual generó un ambiente de trabajo positivo y productivo. Estos trabajadores tendían a mantenerse motivados incluso en situaciones de alta presión, lo que les permitía sostener un rendimiento estable y una actitud proactiva.

Además, el estudio mostró que, en contextos de estrés o incertidumbre, las personas con mentalidad de crecimiento tenían una mejor capacidad de recuperación y podían ajustar sus expectativas y estrategias para adaptarse a las circunstancias. Esto demuestra que la mentalidad de crecimiento no solo es relevante en el ámbito académico o juvenil, sino que es una herramienta esencial para mantener la motivación y la autodisciplina en la vida adulta y en contextos de alta demanda.

La mentalidad de crecimiento como una práctica diaria

Es importante señalar que la mentalidad de crecimiento no es simplemente un "estado mental", sino una práctica diaria que requiere reflexión y compromiso. Cultivar esta mentalidad implica reconocer nuestros pensamientos, cuestionar nuestras creencias limitantes y adoptar una actitud de curiosidad y apertura al aprendizaje en cada situación. Al desarrollar esta mentalidad, ganamos la capacidad de ver cada experiencia como una oportunidad de crecimiento, lo cual fortalece nuestra motivación y nuestra autodisciplina.

Algunas formas de poner en práctica la mentalidad de crecimiento incluyen la autoevaluación regular, la búsqueda de retroalimentación constructiva y el establecimiento de metas desafiantes pero alcanzables. Cada paso que damos en la dirección de nuestras metas, cada error que corregimos y cada habilidad que aprendemos fortalece nuestra convicción de que el éxito y el desarrollo personal son posibles. Este enfoque se convierte en un motor que nos impulsa a perseverar, a aprender de los fracasos y a mantenernos motivados en el camino hacia nuestras aspiraciones.

Siempre mide tu progreso

Medir el progreso es una práctica fundamental para mantener la motivación en cualquier meta a largo plazo. El monitoreo constante de nuestros avances nos permite ver de manera tangible el esfuerzo que hemos invertido y los resultados que hemos logrado, lo cual refuerza nuestro compromiso y nuestra autodisciplina. Al medir el progreso, no solo obtenemos una visión clara de hasta dónde hemos llegado, sino que también identificamos áreas en las que podemos mejorar, permitiéndonos hacer ajustes y mantenernos en el camino hacia nuestras metas.

La falta de progreso visible es una de las razones por las cuales muchas personas pierden la motivación. Sin un seguimiento de los pequeños avances, es fácil sentirse estancado o desmotivado, especialmente en metas complejas o a largo plazo, donde los resultados pueden no ser inmediatos. Medir el progreso nos ayuda a recordar que cada paso cuenta y que el esfuerzo constante, aunque a veces parezca lento, nos está acercando al logro de nuestras aspiraciones.

Algunas estrategias efectivas para medir tu progreso y mantener la motivación activa a lo largo del tiempo:

Estrategias para medir el progreso y mantener la motivación

- **Divide tu meta en etapas o hitos específicos**: Dividir una meta grande en etapas o hitos más pequeños facilita la medición del progreso y hace que el objetivo final parezca más alcanzable. Cada vez que completes uno de estos hitos, te sentirás motivado al ver que estás avanzando. Esta práctica no solo facilita la organización, sino que también proporciona una serie de logros intermedios que refuerzan tu sentido de avance y tu motivación.

  Por ejemplo, si tu meta es aprender un nuevo idioma, puedes establecer hitos como "aprender 500 palabras básicas", "mantener una conversación simple" o "leer un artículo completo sin ayuda de un diccionario". Estos hitos específicos te permiten observar claramente el progreso y te mantienen motivado al alcanzar cada nivel.

- **Utiliza un sistema de seguimiento visual**: Crear un sistema de seguimiento visual es una excelente manera de monitorear el progreso de forma constante. Puedes utilizar una hoja de cálculo, un diario de progreso, una aplicación de seguimiento o un tablero visual donde anotes cada pequeño avance. Ver el progreso de manera gráfica, ya sea mediante una lista, un calendario o un gráfico, ayuda a reforzar la motivación y te permite apreciar tus logros de forma más tangible.

Este tipo de seguimiento visual es especialmente efectivo para metas que implican la creación de hábitos o la acumulación de logros a lo largo del tiempo, como el ejercicio, la escritura diaria o el ahorro de dinero. Cada día que cumples con el objetivo se convierte en una marca en el tablero, y ver la cadena de días completados fortalece tu autodisciplina y tu compromiso con la meta.

- **Reflexiona regularmente sobre tus avances**: Dedica un tiempo semanal o mensual a revisar y reflexionar sobre tus avances. Durante esta reflexión, anota lo que has logrado, identifica cualquier obstáculo que hayas enfrentado y piensa en cómo puedes mejorar. Este proceso de evaluación no solo te ayuda a ver tu progreso, sino que también te da la oportunidad de ajustar tus estrategias y de abordar cualquier área en la que puedas mejorar.

  Reflexionar sobre el progreso también te permite identificar patrones de éxito, lo cual fortalece tu confianza y te brinda un recordatorio constante de que estás avanzando hacia tus metas. Este análisis periódico se convierte en un momento para celebrar tus logros, reconocer el esfuerzo invertido y renovar tu compromiso con el objetivo.

- **Establece metas intermedias y recompensas**: Las recompensas son una excelente forma de mantener la motivación en el tiempo. Al establecer metas intermedias con recompensas asociadas, creas un sistema de motivación constante que te permite disfrutar del proceso de alcanzar tu meta. Estas recompensas no tienen que ser grandes, pero deben ser significativas para ti y representar una celebración de tu avance.

Por ejemplo, si tu meta es completar un proyecto de gran envergadura, puedes establecer recompensas al finalizar cada etapa del proyecto, como tomar un descanso o hacer una actividad que disfrutes. Este enfoque convierte el proceso en una experiencia positiva y hace que te sientas motivado a seguir avanzando.

- **Ajusta tus objetivos según tu progreso**: Medir el progreso también te permite ajustar tus objetivos y tus estrategias. A veces, mientras avanzamos, podemos darnos cuenta de que la meta necesita ser adaptada o que el ritmo puede ajustarse según nuestras capacidades actuales. Esta flexibilidad no significa abandonar el compromiso, sino adaptarse a la realidad y mantener un enfoque realista y efectivo.

  Por ejemplo, si notas que estás progresando más rápido de lo esperado, puedes elevar la dificultad de los objetivos. Por el contrario, si el avance es más lento, puedes ajustar las metas para que sean más alcanzables y evitar la frustración. Este proceso de ajuste continuo permite que tu motivación se mantenga alta y que el camino hacia la meta se sienta manejable y satisfactorio.

- **Celebra cada logro, por pequeño que sea**: Celebrar los pequeños logros es una de las formas más efectivas de reforzar la motivación y de recordar el valor del esfuerzo constante. Cada paso que te acerca a tu meta merece ser reconocido, ya que cada logro fortalece tu compromiso y alimenta tu autodisciplina. Estas celebraciones pueden ser tan simples como felicitarte a ti mismo, hacer una pausa para disfrutar de tu logro o compartirlo con personas cercanas que te apoyan.

  Reconocer cada logro, sin importar lo pequeño que parezca, ayuda a construir una mentalidad positiva y a fortalecer la confianza en tu capacidad para lograr la meta final. Esta práctica te permite mantener la motivación activa y continuar avanzando con una actitud de gratitud y optimismo.

Medir el progreso es fundamental para mantener la motivación, ya que nos permite ver de manera objetiva cómo el esfuerzo diario se traduce en avances reales. Este proceso nos brinda claridad sobre nuestro progreso y nos ayuda a mantener una visión de largo plazo, evitando que la falta de resultados inmediatos nos desanime. Además, al observar los pequeños avances, generamos una sensación de logro y satisfacción, lo cual es clave para sostener la motivación y la autodisciplina.

Recompensa tus logros

Recompensar los logros es una estrategia poderosa para mantener la motivación y la autodisciplina a lo largo del tiempo. Las recompensas actúan como refuerzos positivos que nos permiten reconocer el esfuerzo que hemos invertido y celebrar el progreso que hemos logrado. Más que una simple gratificación, recompensar nuestros avances nos ayuda a construir una conexión emocional positiva con nuestras metas, lo cual nos impulsa a seguir adelante incluso en momentos de desmotivación o dificultad.

La ciencia de la motivación y la neurociencia del aprendizaje refuerzan la importancia de las recompensas en el proceso de establecimiento y cumplimiento de objetivos. Cuando celebramos nuestros logros, incluso los más pequeños, enviamos al cerebro señales de éxito y satisfacción que fortalecen los circuitos neuronales asociados con la autodisciplina, el enfoque y la constancia.

La neurociencia detrás de las recompensas y la motivación

El sistema de recompensas del cerebro desempeña un papel crucial en la motivación y la autodisciplina. Cuando alcanzamos una meta o completamos una tarea que requiere esfuerzo, el cerebro libera dopamina, un neurotransmisor relacionado con el placer y la satisfacción. Esta liberación de dopamina no solo genera una sensación de gratificación inmediata, sino que también fortalece los circuitos neuronales que nos llevan a repetir el comportamiento. En otras palabras, cuando nos recompensamos por un logro, reforzamos nuestra disposición a seguir trabajando en nuestras metas y a mantener la autodisciplina.

Un estudio realizado por la Universidad de Cambridge analizó cómo la dopamina y las recompensas influyen en la motivación para completar tareas. En el experimento, los participantes recibieron pequeñas recompensas al completar tareas desafiantes y se observó que aquellos que recibían estas recompensas mostraban una mayor persistencia en sus esfuerzos y un mayor compromiso en tareas futuras. Los investigadores concluyeron que las recompensas crean un circuito de retroalimentación positiva en el cerebro que facilita la constancia y el compromiso con las metas a largo plazo. Este hallazgo destaca la importancia de reconocer y celebrar los logros en nuestro proceso de desarrollo personal, ya que cada recompensa refuerza nuestro sentido de progreso y nos impulsa a mantener la motivación.

Las recompensas ayudan a fortalecer lo que se conoce como la "autoeficacia" —la creencia en la propia capacidad para lograr metas—. La autoeficacia es un factor crucial para la autodisciplina y la motivación, ya que cuando confiamos en nuestras habilidades, estamos más dispuestos a enfrentar desafíos y a mantener el compromiso en momentos de dificultad. Al recompensarnos por nuestros logros, fortalecemos esta confianza en nuestra capacidad y generamos una motivación intrínseca que nos impulsa a seguir avanzando.

Cómo recompensar tus logros para mantener la motivación

Para que las recompensas sean verdaderamente efectivas en el mantenimiento de la motivación y la autodisciplina, es importante que estén alineadas con nuestras metas y que se utilicen de manera estratégica. A continuación, algunas recomendaciones para implementar las recompensas en tu proceso de crecimiento personal y desarrollo de hábitos:

- **Establece recompensas significativas**: No todas las recompensas tienen el mismo impacto en nuestra motivación. Para que una recompensa sea efectiva, debe ser significativa y tener valor personal. Esto no significa que las recompensas tengan que ser grandes o costosas; pueden ser actividades que disfrutes, momentos de descanso o gestos de gratificación que te motiven a continuar. Lo importante es que sientas satisfacción al recibir la recompensa y que te sientas reconocido por el esfuerzo invertido.
- **Utiliza recompensas inmediatas y diferidas**: Las recompensas inmediatas —aquellas que recibimos justo después de completar una tarea— son efectivas para mantener la motivación a corto plazo. Por ejemplo, si completas un día de trabajo o estudio exitoso, puedes premiarte con un descanso agradable o una actividad que disfrutes. Las recompensas diferidas, por otro lado, están asociadas a metas más grandes y se reciben al cumplir etapas importantes en el proceso. Esta combinación de recompensas inmediatas y diferidas refuerza tanto la motivación en el momento como el compromiso a largo plazo con el objetivo.

- **Recompensa el esfuerzo, no solo los resultados**: A veces, el progreso hacia nuestras metas puede ser lento, y puede que no veamos resultados tangibles de inmediato. Recompensar el esfuerzo invertido, independientemente del resultado final, ayuda a mantener la motivación y a reforzar la autodisciplina. Al valorar el proceso en lugar de solo el éxito visible, nos motivamos a seguir avanzando y nos recordamos que cada paso, por pequeño que sea, contribuye al logro de nuestras metas.
- **Asocia las recompensas con metas específicas**: Es útil vincular recompensas concretas con metas específicas para crear una motivación clara y estructurada. Por ejemplo, si tu meta es leer un libro al mes, podrías recompensarte con una salida especial o un tiempo de relajación al finalizar el libro. Esta estructura permite que las recompensas se sientan como logros bien merecidos y refuerza la satisfacción de cumplir con tus compromisos.
- **Mantén la coherencia en las recompensas**: La consistencia en el uso de las recompensas es clave para que estas tengan un impacto positivo en la motivación y la autodisciplina. Al ser constante en el reconocimiento de tus logros, generas un hábito de gratificación que refuerza tu compromiso y te ayuda a ver el valor de cada paso en el proceso. Incluso en momentos de baja motivación, saber que una recompensa está esperándote puede ayudarte a seguir adelante.

Haz las cosas con pasión

La pasión es una fuerza poderosa que transforma las tareas cotidianas en actividades significativas y llenas de propósito. Cuando realizamos algo con pasión, el esfuerzo se convierte en una fuente de satisfacción, y el compromiso con nuestras metas se fortalece. La pasión no solo nos da el impulso inicial para comenzar un proyecto, sino que también actúa como un motor que nos permite mantener la motivación y la constancia en el tiempo, especialmente en los momentos difíciles o cuando el camino se vuelve desafiante.

Trabajar con pasión va más allá de disfrutar lo que hacemos; es un compromiso profundo con nuestras aspiraciones y con el deseo de cumplir metas que realmente nos importan. Cuando desarrollamos una conexión emocional con nuestras metas, la autodisciplina y la resiliencia se fortalecen, ya que cada paso que damos se siente alineado con nuestra identidad y nuestros valores.

La importancia de la pasión en la motivación

La pasión juega un papel crucial en la motivación, ya que nos proporciona una razón profunda para esforzarnos y perseverar. Sin pasión, el trabajo o los proyectos pueden sentirse como una carga, lo que hace que sea más fácil caer en la procrastinación o abandonar nuestros objetivos cuando las cosas se complican. Sin embargo, cuando sentimos una conexión emocional con nuestras metas, estamos más dispuestos a invertir tiempo y esfuerzo en ellas, incluso en momentos de baja motivación o dificultad.

La pasión también ayuda a reducir la fatiga y el agotamiento mental, ya que las tareas realizadas con entusiasmo generan una sensación de satisfacción y propósito. Esta emoción positiva actúa como un refuerzo interno que nos ayuda a mantener el enfoque y a disfrutar del proceso, en lugar de solo concentrarnos en el resultado final. Así, la pasión no solo nos ayuda a cumplir con nuestras responsabilidades, sino que convierte cada paso del camino en una experiencia enriquecedora.

Estrategias para encontrar y cultivar la pasión en lo que hacemos

- **Conecta tus metas con tus valores personales**: La pasión surge cuando nuestras metas están alineadas con nuestros valores y aspiraciones personales. Reflexiona sobre lo que realmente importa en tu vida y encuentra una manera de conectar tus metas con esos valores. Por ejemplo, si valoras la creatividad, busca formas de incorporar elementos creativos en tu trabajo o en tus proyectos. Esta alineación entre valores y objetivos hace que cada esfuerzo se sienta significativo y alimenta la motivación a largo plazo.
- **Encuentra el propósito detrás de cada actividad**: A veces, la pasión no surge de manera espontánea; es algo que se cultiva al encontrar un propósito profundo en lo que hacemos. Pregúntate por qué cada tarea o meta es importante para ti y cómo contribuye a tus objetivos a largo plazo. Al identificar el propósito detrás de cada actividad, puedes desarrollar una conexión emocional con ella, lo cual fortalece tu motivación y tu deseo de perseverar.
- **Desarrolla tus habilidades y disfruta del progreso**: La pasión también puede nacer del proceso de mejora y superación personal. A medida que desarrollas tus habilidades en una actividad, es más probable que disfrutes el proceso y que sientas un mayor compromiso con tus metas. Establece pequeños desafíos que te permitan progresar y celebrar cada logro; esta sensación de avance genera una satisfacción que incrementa la pasión y la motivación.

- **Busca inspiración en personas apasionadas**: La pasión es contagiosa, y rodearte de personas que comparten tu interés o tu entusiasmo puede reforzar tu propia motivación. Participa en grupos o comunidades que compartan tus intereses, lee sobre personas que han alcanzado el éxito en tu campo y busca inspiración en sus historias. La energía y el compromiso de los demás pueden ayudarte a mantenerte enfocado y a recordar por qué elegiste perseguir tus metas.

- **Acepta y celebra el proceso, no solo el resultado final**: La pasión se fortalece cuando aprendemos a disfrutar el camino hacia nuestras metas, no solo el destino. Acepta cada etapa del proceso como una oportunidad de crecimiento y aprendizaje, y celebra los pequeños logros que alcanzas a lo largo del camino. Esta mentalidad te permitirá mantener el entusiasmo incluso cuando los resultados tarden en llegar, ya que verás el valor en cada paso que das.

- **Permítete explorar nuevos intereses**: La pasión también puede surgir de la exploración y el descubrimiento. A veces, al experimentar con nuevas actividades, podemos encontrar intereses y talentos ocultos que nos llenan de entusiasmo. Permítete explorar diferentes áreas y busca actividades que te resulten estimulantes. Esta actitud de apertura y curiosidad puede ayudarte a descubrir pasiones que te motiven a seguir creciendo y desarrollándote.

Capítulo 4: La gestión del tiempo

El tiempo es la cosa más valiosa que una persona puede gastar." — Teofrasto

Es momento de aprender cómo manejar tu tiempo de manera efectiva para maximizar tu productividad y mantener el equilibrio. Aprenderás técnicas probadas como la técnica Pomodoro, el método GTD (*Getting Things Done*), y la matriz de Eisenhower, entre otras, que te ayudarán a priorizar tareas, optimizar tu enfoque y tomar decisiones estratégicas sobre qué actividades merecen tu atención.

Comprenderás también cómo evitar la trampa del "síndrome de la perfección" y el poder de decir "no" cuando una tarea o compromiso no se alinea con tus metas. Al final de este capítulo, tendrás una caja de herramientas para gestionar tu tiempo con propósito, reducir el estrés y avanzar de manera constante y organizada hacia tus objetivos.

La técnica de Pomodoro

La técnica de Pomodoro es un método de gestión del tiempo diseñado para mejorar la concentración, reducir la fatiga mental y optimizar la productividad. Creada en los años 80 por Francesco Cirillo, esta técnica se basa en la división de las tareas en intervalos de trabajo de corta duración, llamados "pomodoros", que se alternan con descansos breves. El objetivo de esta técnica es ayudar a mantener el enfoque y evitar la sobrecarga mental, permitiendo que el cerebro descanse y se recupere, lo cual facilita la motivación y el cumplimiento de metas a largo plazo.

La técnica toma su nombre de un temporizador de cocina en forma de tomate (pomodoro en italiano) que Cirillo utilizaba para medir los intervalos de tiempo. Desde entonces, el método ha sido adoptado por estudiantes, profesionales y creativos de todo el mundo, y numerosos estudios respaldan su efectividad para mejorar el rendimiento y la atención.

¿Cómo funciona la técnica de Pomodoro?

La técnica de Pomodoro sigue un esquema sencillo, dividido en pasos concretos:

1. **Elige una tarea que quieras realizar**: Puede ser cualquier tarea que requiera concentración, como estudiar, trabajar en un proyecto, escribir o resolver problemas. Es importante que te comprometas a concentrarte en esta tarea durante el tiempo asignado.
2. **Configura el temporizador para 25 minutos**: Este intervalo de tiempo es lo que se conoce como un "pomodoro". Durante este tiempo, debes trabajar en la tarea elegida sin interrupciones. La duración de 25 minutos es suficientemente corta como para mantener la atención plena, pero también lo suficientemente larga para hacer un progreso significativo.
3. **Trabaja en la tarea hasta que el temporizador suene**: Durante el pomodoro, enfócate exclusivamente en la tarea sin ceder a distracciones. Si surge algo que te interrumpe, anótalo rápidamente y vuelve a enfocarte en

la tarea. Esta concentración ininterrumpida es esencial para que la técnica sea efectiva.

4. **Toma un descanso breve de 5 minutos**: Al finalizar el pomodoro, tómate un descanso de cinco minutos. Este breve descanso te ayuda a relajar la mente, recargar energías y prepararte para el próximo intervalo de trabajo. Puedes aprovechar este tiempo para estirarte, tomar agua o respirar profundamente.

5. **Repite el ciclo de trabajo y descanso**: Después de completar cuatro pomodoros, es recomendable tomar un descanso más largo, de 15 a 30 minutos, para permitir que el cerebro se recupere completamente. Este ciclo de descanso prolongado ayuda a prevenir el agotamiento mental y permite que mantengas la productividad en sesiones más largas.

La ciencia detrás de la técnica de Pomodoro

La técnica de Pomodoro funciona porque se basa en principios respaldados por la neurociencia y la psicología de la atención. Varios estudios han demostrado que la mente humana es capaz de mantener la atención plena solo durante un tiempo limitado, generalmente entre 20 y 45 minutos. Después de ese período, la atención comienza a disminuir y el riesgo de distracción aumenta. Al limitar cada sesión de trabajo a 25 minutos, la técnica de Pomodoro permite que el cerebro se concentre intensamente en una sola tarea sin agotarse, maximizando la eficiencia en cada intervalo de trabajo.

Los descansos cortos entre los pomodoros son igualmente importantes, ya que permiten que el cerebro descanse y se recargue antes de la próxima sesión. Cuando trabajamos sin descanso, los niveles de estrés y fatiga mental se acumulan, lo que afecta negativamente la productividad y aumenta la probabilidad de cometer errores. Los descansos breves actúan como una "recarga" mental que mejora el rendimiento y reduce el agotamiento a largo plazo.

Además, la técnica de Pomodoro ayuda a entrenar la autodisciplina y el autocontrol, ya que se requiere un esfuerzo consciente para concentrarse completamente durante cada intervalo. Este hábito de concentración intencional fortalece la capacidad para resistir distracciones, lo cual es fundamental para el logro de metas a largo plazo.

Ventajas de la técnica de Pomodoro en la gestión del tiempo

La técnica de Pomodoro ofrece múltiples beneficios para quienes buscan mejorar su gestión del tiempo y aumentar su productividad:

- **Mejora de la concentración**: Al trabajar en intervalos de tiempo específicos, el cerebro aprende a concentrarse plenamente en la tarea sin interrupciones. Esto reduce la tendencia a dispersarse y mejora la calidad del trabajo realizado.
- **Reducción del agotamiento mental**: Los descansos cortos permiten que el cerebro se recupere y disminuyen el riesgo de fatiga mental. Esto es especialmente útil para tareas prolongadas o exigentes, en las que el agotamiento puede llevar a la procrastinación o al abandono de la tarea.
- **Incremento en la motivación y la satisfacción**: Cada vez que completamos un pomodoro, experimentamos una pequeña "victoria" que refuerza nuestra motivación y nos da un sentido de logro. Este ciclo de recompensas breves y constantes facilita la continuidad en el trabajo y reduce la procrastinación.

- **Desarrollo de autodisciplina**: La técnica de Pomodoro entrena la capacidad de autocontrol y disciplina al requerir que mantengamos la atención durante períodos específicos. Esta habilidad es invaluable para el logro de metas a largo plazo, ya que fortalece la resiliencia ante las distracciones y el desánimo.
- **Facilidad para desglosar grandes proyectos**: Al dividir una tarea grande en múltiples pomodoros, el proyecto se vuelve más manejable y menos intimidante. Esto facilita el inicio de tareas complejas y reduce la ansiedad asociada a proyectos grandes.

Cómo implementar la técnica de Pomodoro en tu vida diaria

La técnica de Pomodoro es muy adaptable y puede implementarse en casi cualquier contexto, ya sea en el estudio, el trabajo o el desarrollo de proyectos personales.

A continuación, algunas recomendaciones para maximizar su efectividad:

- **Personaliza la duración de los pomodoros**: Aunque el intervalo estándar es de 25 minutos, algunas personas pueden beneficiarse de ajustar este tiempo según la naturaleza de la tarea o sus propias preferencias. Por ejemplo, para tareas más complejas, un intervalo de 40 minutos puede ser más efectivo, mientras que para tareas más ligeras, 15 o 20 minutos pueden ser suficientes.
- **Establece metas claras para cada pomodoro**: Antes de comenzar cada intervalo, define un objetivo específico que desees lograr. Esto te ayudará a mantener el enfoque y a sentir un sentido de logro cuando completes el pomodoro. Al establecer metas claras, evitas la dispersión y mejoras la eficiencia de cada sesión.

- **Usa herramientas de apoyo**: Existen múltiples aplicaciones y temporizadores diseñados específicamente para la técnica de Pomodoro, que pueden ayudarte a organizar los ciclos de trabajo y descanso. Estas herramientas pueden enviarte recordatorios y registros de tu progreso, lo cual es útil para mantener la motivación y para ver el impacto de tu esfuerzo acumulado.

- **Adapta la técnica a diferentes contextos**: La técnica de Pomodoro no tiene que aplicarse solo al trabajo; también puede ser útil para otras actividades que requieren concentración, como el ejercicio, la lectura o el aprendizaje de nuevas habilidades. Al utilizarla en diferentes contextos, entrenas tu capacidad de enfoque y mejoras tu gestión del tiempo en general.

La regla del 40%

La "regla del 40%" es una técnica desarrollada y popularizada por los Navy SEAL, la fuerza de operaciones especiales de la Marina de los Estados Unidos, reconocidos por su capacidad para operar en condiciones extremas y superar límites físicos y mentales. Esta técnica, conocida como la "regla de los 40%", sostiene que cuando una persona siente que ha alcanzado su límite físico o mental y que ya no puede continuar, en realidad solo ha utilizado alrededor del 40% de su capacidad total. El propósito de esta técnica es ayudar a las personas a acceder a una reserva de energía y resistencia que normalmente queda sin explotar, permitiéndoles perseverar incluso cuando creen que ya no tienen más fuerzas.

La regla del 40% es mucho más que una simple fórmula; es una herramienta mental para superar la autolimitación. En el contexto de la gestión del tiempo y la motivación, esta técnica puede aplicarse no solo en situaciones físicas extremas, sino también en el trabajo diario, en los estudios y en proyectos personales. A menudo, nos rendimos antes de alcanzar nuestro verdadero potencial, ya sea por agotamiento, frustración o la percepción de que hemos llegado a nuestros límites. La técnica de los Navy SEAL nos enseña a cuestionar estos límites y a entrenar la mente para acceder a la disciplina y la resistencia necesarias para avanzar incluso cuando sentimos que estamos agotados.

Cómo funciona la técnica de los Navy SEAL

La regla del 40% se basa en estudios sobre la resistencia humana y el poder de la mente en situaciones de alta demanda. La resistencia física y mental es, en gran parte, una función del cerebro, y no solo de la fuerza física o del estado físico. Cuando enfrentamos una tarea extenuante, el cerebro envía señales de fatiga y de "límite" como una forma de protegernos de un posible agotamiento extremo. Sin embargo, estas señales de "freno" no representan nuestros límites reales, sino más bien una precaución del cerebro para evitar el agotamiento total. Estudios han demostrado que los seres humanos pueden continuar funcionando más allá de estas señales iniciales de fatiga, aprovechando reservas de energía y fuerza adicionales cuando desafían esos límites.

Un estudio realizado por la Universidad de Stanford exploró esta capacidad de resistencia adicional en un grupo de corredores de larga distancia. Los investigadores encontraron que cuando los participantes percibían que estaban cerca de sus límites, aquellos que adoptaban una mentalidad de "superación" lograban mejorar significativamente su rendimiento, superando sus tiempos previos en un 10% en promedio. Los participantes que utilizaron técnicas mentales, como visualización y autoafirmación, pudieron ignorar temporalmente las señales de fatiga y aprovechar una reserva de energía no utilizada, demostrando que los límites autoimpuestos son, en gran medida, producto de la percepción.

Esta capacidad de resistencia es especialmente útil para mantener la motivación y la autodisciplina en situaciones en las que el progreso es lento o los resultados no son inmediatos. Al aplicar la regla del 40%, nos entrenamos para ir más allá de los límites percibidos y para cultivar una mentalidad de perseverancia, lo cual es invaluable en el logro de metas a largo plazo.

Cómo aplicar la regla del 40% en la gestión del tiempo y la productividad

La regla del 40% no solo es aplicable en el ámbito físico, sino que también se puede utilizar para desarrollar una disciplina mental y una ética de trabajo sólida. Al aplicar esta técnica en la gestión del tiempo y la productividad, podemos entrenarnos para mantener el enfoque y superar la resistencia que a menudo nos impulsa a procrastinar o a abandonar tareas difíciles.

A continuación, algunos pasos prácticos para implementar la regla del 40% en tu vida diaria:

1. **Reconoce los momentos de resistencia mental y física**: La clave para aplicar la regla del 40% es reconocer cuando empiezas a sentir que no puedes continuar. Estos momentos de resistencia pueden presentarse de muchas formas, como sensación de agotamiento, frustración o desmotivación. Al tomar conciencia de estos sentimientos, puedes aprender a identificar los puntos en los que tu mente está enviando señales de "límite" y cuestionar si realmente has alcanzado tu capacidad total.

2. **Practica la autoafirmación y el diálogo positivo**: Cuando sientas que no puedes continuar, utiliza afirmaciones

positivas para recordarte a ti mismo que tienes más capacidad de la que crees. La autoafirmación, como "Puedo dar un poco más" o "No estoy en mi límite", te ayuda a desafiar las creencias autoimpuestas de que has alcanzado tu máximo. Este diálogo interno positivo es una herramienta fundamental para acceder a tu reserva de energía y para fortalecer la resiliencia mental.

3. **Divide las tareas en bloques de tiempo adicionales**: En lugar de renunciar por completo cuando sientas que no puedes seguir, intenta trabajar durante un período de tiempo adicional. Esta práctica, conocida como el "esfuerzo adicional", consiste en agregar una pequeña cantidad de tiempo o esfuerzo más allá de tu límite percibido. Por ejemplo, si sientes que necesitas un descanso después de trabajar 30 minutos en una tarea, intenta continuar cinco o diez minutos más. Con el tiempo, esta práctica de ir "más allá del límite" se convierte en un hábito que fortalece la disciplina y la capacidad de resistencia.

4. **Desarrolla una mentalidad de crecimiento**: La técnica de los Navy SEAL requiere una mentalidad de crecimiento, es decir, la creencia de que puedes desarrollar tu capacidad y tu resistencia a través de la práctica y el esfuerzo continuo. Al adoptar esta mentalidad, puedes ver cada momento de resistencia como una oportunidad de crecimiento y como un paso más hacia tus metas. La mentalidad de crecimiento refuerza el compromiso a largo plazo, lo cual es esencial para el éxito en proyectos personales y profesionales.

5. **Celebra cada avance como un logro**: La regla del 40% puede ser desafiante, por lo que es importante celebrar cada vez que logras superar tus límites percibidos. Esta celebración no solo te motiva a seguir adelante, sino que también refuerza el hábito de perseverar en momentos de

dificultad. Reconocer cada avance te recuerda que eres capaz de ir más allá y que tienes una mayor capacidad de resistencia de la que creías.

La importancia de la regla del 40% en el desarrollo de la autodisciplina

La regla del 40% es una técnica que nos enseña a cuestionar las limitaciones que nos imponemos y a cultivar una disciplina que trasciende el cansancio momentáneo o las dificultades. Cuando aplicamos esta técnica en la gestión del tiempo, aprendemos a resistir el impulso de abandonar tareas cuando las sentimos difíciles o poco atractivas. En lugar de dejarnos vencer por el agotamiento o la procrastinación, la regla del 40% nos ayuda a desarrollar una mentalidad de superación y de compromiso con nuestros objetivos a largo plazo.

Esta técnica también fortalece la resiliencia y la autodisciplina, ya que nos entrena para actuar a pesar del cansancio o el desánimo. Al desafiar los límites autoimpuestos y al aprender a aprovechar nuestra reserva de energía adicional, desarrollamos una capacidad de resistencia mental que nos ayuda a mantener el enfoque y a perseverar incluso en los momentos más difíciles.

La ley de Cyril Parkinson

Esta ley fue propuesta por el historiador y autor británico Cyril Northcote Parkinson en 1955, y establece que "el trabajo se expande hasta llenar el tiempo disponible para su realización". Esta ley, aunque formulada hace varias décadas, sigue siendo un principio fundamental en la gestión del tiempo y la productividad. Según la Ley de Parkinson, cuando disponemos de mucho tiempo para completar una tarea, tendemos a utilizar todo ese tiempo, incluso si podríamos haberla terminado en menos. Este fenómeno genera ineficiencia y, a menudo, lleva a la procrastinación, ya que el tiempo adicional nos hace menos conscientes de la urgencia y más propensos a posponer tareas.

La Ley de Parkinson es especialmente relevante en el contexto actual, donde el tiempo se ha vuelto uno de los recursos más preciados. Comprender cómo funciona esta ley y aprender a aplicarla en nuestra gestión del tiempo puede ayudarnos a ser más productivos y a maximizar el uso de nuestro tiempo disponible, lo cual es esencial para lograr nuestras metas de manera efectiva y sin estrés.

La ciencia detrás de la Ley de Parkinson

La Ley de Parkinson está relacionada con el concepto de "parálisis por análisis" y con la tendencia humana a ajustar el esfuerzo de acuerdo con el tiempo disponible. Desde el punto de vista psicológico, cuando tenemos una cantidad considerable de tiempo para completar una tarea, nuestro cerebro tiende a enfocarse menos y a dispersar la atención, lo cual nos lleva a gastar más tiempo del necesario en detalles o a dejar la tarea incompleta hasta el último momento.

Varios estudios han demostrado que, cuando nos imponemos límites de tiempo ajustados, nuestra eficiencia aumenta y logramos completar las tareas en menos tiempo, sin afectar la calidad. Esto se debe a que el cerebro responde al sentido de urgencia y se enfoca en los elementos esenciales de la tarea, dejando de lado las distracciones y los perfeccionismos innecesarios.

Por ejemplo, un experimento de la Universidad de Estocolmo encontró que los estudiantes que tenían un plazo ajustado para completar un ensayo lograban terminarlo de manera más eficiente que aquellos que disponían de más tiempo. Los estudiantes con plazos más largos mostraban una mayor tendencia a procrastinar y a hacer ajustes menores de poca relevancia, mientras que los que tenían menos tiempo se concentraban en los aspectos clave de la tarea y la completaban sin tantas interrupciones. Este estudio respalda la idea de que el establecimiento de plazos definidos y ajustados permite aumentar la productividad y reducir la tendencia a extender el trabajo innecesariamente.

Aplicando la Ley de Parkinson en la gestión del tiempo

La Ley de Parkinson puede ser una herramienta poderosa para mejorar la eficiencia y aprovechar al máximo el tiempo disponible. Al establecer límites claros y ajustados para cada tarea, podemos evitar la dilación y optimizar nuestra productividad.

A continuación, algunos pasos para aplicar la Ley de Parkinson en tu vida diaria:

1. **Establece plazos específicos y realistas**: Una de las formas más efectivas de aplicar la Ley de Parkinson es establecer plazos específicos para cada tarea, incluso si no tienes una fecha límite oficial. Al asignar un tiempo limitado, como 30 minutos o una hora, para completar una tarea, tu cerebro recibe una señal de urgencia que te ayuda a mantener el enfoque y a evitar las distracciones. Este enfoque es especialmente útil para tareas que tienden a expandirse, como responder correos electrónicos, hacer informes o completar tareas administrativas.

2. **Divide las tareas en segmentos más pequeños**: Si enfrentas una tarea grande que parece intimidante, divídela en sub-tareas más pequeñas y asigna un límite de tiempo a cada una de ellas. Esta práctica no solo reduce la procrastinación, sino que también te permite

medir el progreso de manera constante. Al dividir la tarea en partes más manejables, evitas la tendencia a expandir el trabajo y te mantienes enfocado en cada segmento.

3. **Crea un sentido de urgencia controlada**: La Ley de Parkinson sugiere que al trabajar bajo una "presión positiva" somos más eficientes. Puedes crear este sentido de urgencia controlada al imaginar que tienes menos tiempo del realmente disponible. Si, por ejemplo, tienes una hora para una tarea, configúrate un temporizador para 45 minutos y trabaja con la meta de terminarla antes de que suene. Este enfoque te obliga a ser más consciente del tiempo y a evitar distracciones, lo cual incrementa la eficiencia.

4. **Evita la perfección innecesaria**: La perfección puede ser uno de los mayores enemigos de la productividad. Cuando disponemos de mucho tiempo para una tarea, tendemos a ajustar detalles mínimos o a hacer correcciones innecesarias, lo cual extiende el tiempo de trabajo sin aportar mejoras significativas al resultado final. Establecer un tiempo límite te ayuda a centrarte en los aspectos fundamentales y a aceptar que no todo tiene que ser perfecto para ser efectivo. En lugar de aspirar a la perfección, enfócate en cumplir los objetivos principales de la tarea.

5. **Utiliza temporizadores para controlar el tiempo**: La implementación de temporizadores es una excelente herramienta para poner en práctica la Ley de Parkinson. Configura un temporizador o usa una aplicación de seguimiento de tiempo para monitorear el tiempo que dedicas a cada tarea. Esta práctica no solo te mantiene enfocado, sino que también te permite ver cuánto tiempo realmente necesitas para completar cada tarea. Con el tiempo, esta información te ayudará a mejorar tu

capacidad de estimar tiempos y a evitar la tendencia a extender el trabajo innecesariamente.

Beneficios de aplicar la Ley de Parkinson en la productividad

La aplicación de la Ley de Parkinson en la gestión del tiempo tiene múltiples beneficios, especialmente en términos de productividad y eficiencia. A continuación, algunos de los beneficios principales de esta práctica:

- **Aumento de la eficiencia**: Al trabajar bajo límites de tiempo claros, el cerebro tiende a enfocarse en los elementos esenciales de la tarea, eliminando las distracciones y evitando el trabajo adicional innecesario. Esto nos permite completar tareas en menos tiempo y aprovechar al máximo el tiempo disponible.
- **Reducción de la procrastinación**: La Ley de Parkinson es una excelente herramienta para combatir la procrastinación. Al establecer plazos definidos para cada tarea, reducimos la tendencia a posponer el trabajo, ya que la urgencia de los límites de tiempo nos impulsa a actuar de inmediato.
- **Mejora en la toma de decisiones**: Cuando trabajamos bajo plazos ajustados, nos vemos obligados a tomar decisiones rápidas y efectivas, lo cual fortalece nuestra capacidad de priorizar y de resolver problemas sin retrasos innecesarios. Esta habilidad es esencial en cualquier área de la vida y contribuye al desarrollo de la autodisciplina.
- **Reducción del estrés y la sobrecarga mental**: Aunque pueda parecer lo contrario, la Ley de Parkinson puede reducir el estrés, ya que nos permite establecer límites de tiempo claros y evitar la acumulación de trabajo. Cuando sabemos que cada tarea tiene un tiempo asignado, el proceso se vuelve más manejable y organizado, lo que

disminuye la carga mental y aumenta la sensación de control sobre el trabajo.

- **Mayor satisfacción y logro de metas**: La aplicación de la Ley de Parkinson nos permite ver resultados concretos en menos tiempo, lo cual genera una sensación de satisfacción y de logro. Este sentido de progreso fortalece la motivación y nos impulsa a seguir trabajando de manera efectiva en nuestras metas a largo plazo.

La ley de Pareto

La Ley de Pareto, también conocida como el principio 80/20, es un concepto de administración del tiempo y de productividad que sostiene que el 80% de los resultados provienen del 20% de los esfuerzos. Este principio fue desarrollado por el economista italiano Vilfredo Pareto, quien observó a fines del siglo XIX que el 80% de las tierras en Italia estaban en manos del 20% de la población. Con el tiempo, este patrón se ha identificado en diferentes ámbitos, sugiriendo que, en la mayoría de las situaciones, una minoría de las causas genera una mayoría de los efectos.

Aplicada a la gestión del tiempo, la Ley de Pareto sugiere que la clave para optimizar la productividad no es hacer más, sino identificar y concentrarse en las actividades que generan el mayor impacto en nuestros resultados. Es decir, identificar ese 20% de acciones que produce el 80% del éxito en nuestras metas. Este enfoque ayuda a priorizar, a eliminar actividades poco productivas y a utilizar el tiempo de manera más estratégica.

La psicología detrás de la Ley de Pareto

La Ley de Pareto no solo es un principio empírico, sino que también tiene una base psicológica y cognitiva. La mente humana tiende a concentrarse en múltiples tareas, pero no todas estas actividades tienen el mismo impacto. A menudo, llas personas suelen dedicar una parte significativa de su tiempo a actividades de bajo valor, lo cual genera una gran cantidad de trabajo sin un avance significativo hacia sus metas.

Un estudio realizado por la Universidad de Harvard mostró que las personas que enfocan su tiempo y energía en actividades de alto valor logran mejores resultados que aquellas que intentan repartir su esfuerzo de manera uniforme en múltiples tareas. Este estudio analizó el rendimiento de trabajadores que recibieron formación para identificar sus actividades más productivas. Los resultados revelaron que los participantes aumentaron su efectividad en un 40% en comparación con aquellos que continuaban trabajando en múltiples tareas de bajo impacto. Esto refuerza la idea de que concentrarse en el 20% de las actividades que generan el mayor valor es una estrategia altamente efectiva para mejorar el rendimiento y maximizar el uso del tiempo.

Además, el principio 80/20 tiene una conexión con el concepto de economía cognitiva. Nuestra mente posee un límite de energía y capacidad de atención, y cuando tratamos de abarcar múltiples tareas sin priorizar, agotamos este recurso rápidamente. La Ley de Pareto permite concentrar el esfuerzo en pocas actividades de alto valor, lo cual mejora la eficiencia y reduce el agotamiento mental.

Cómo aplicar la Ley de Pareto en la gestión del tiempo

Aplicar la Ley de Pareto en la vida diaria implica identificar cuáles son las actividades o tareas que generan el mayor valor y concentrar la mayor parte de nuestro tiempo y energía en ellas. A continuación, algunos pasos prácticos para aplicar este principio en tu gestión del tiempo:

1. **Identifica el 20% de actividades que generan el 80% de los resultados**: La primera etapa consiste en analizar todas tus actividades y determinar cuáles de ellas tienen el mayor impacto en tus metas. Estas actividades suelen estar relacionadas directamente con el logro de tus objetivos a largo plazo y, al enfocarte en ellas, puedes lograr avances significativos. En un entorno de trabajo, por ejemplo, el 20% de tus tareas más productivas puede incluir la planificación estratégica, la resolución de problemas o el trabajo en proyectos que generen un impacto directo en tus objetivos.

2. **Elimina o reduce el 80% de actividades de bajo impacto**: Una vez que identificas las actividades de alto valor, es importante reducir el tiempo que dedicas a tareas de bajo impacto. Estas actividades pueden incluir responder correos electrónicos de baja prioridad, asistir a reuniones innecesarias o dedicar tiempo a tareas administrativas repetitivas. Si bien no siempre es posible eliminarlas por completo, reducir su frecuencia o delegarlas puede ayudarte a liberar tiempo y energía para concentrarte en lo que realmente importa.

3. **Prioriza las actividades de alto impacto al inicio del día**: La Ley de Pareto sugiere que al enfocarte en las tareas de alto impacto al inicio del día, aprovechas el momento en que tu energía y tu concentración están en su punto más alto. Dedica las primeras horas a actividades clave y evita comenzar el día con tareas de bajo valor. Este enfoque no solo aumenta tu productividad, sino que también fortalece tu motivación y te permite ver avances significativos en tus metas desde el inicio de la jornada.

4. **Revisa y ajusta tus prioridades regularmente**: Las actividades de alto impacto pueden cambiar con el tiempo, por lo que es importante revisar y ajustar tus prioridades de manera periódica. Esta revisión te permite

mantenerte enfocado en los elementos que realmente aportan valor y evitar caer en una rutina de trabajo poco efectiva. La revisión periódica también te ayuda a identificar nuevas oportunidades para aplicar el principio 80/20 y a adaptar tu estrategia de gestión del tiempo a tus metas y circunstancias actuales.

5. **Evita el perfeccionismo en tareas de bajo impacto**: A menudo, tendemos a dedicar un tiempo excesivo a actividades de bajo valor en un intento de hacerlas "perfectas". Este perfeccionismo innecesario consume tiempo y no aporta un valor real a tus objetivos. En su lugar, aplica el principio de Pareto y acepta que el esfuerzo debe enfocarse en el 20% de tareas que realmente importan. En las actividades de menor relevancia, haz un esfuerzo razonable y sigue adelante para concentrarte en lo que realmente genera resultados.

Beneficios de aplicar la Ley de Pareto en la productividad

La aplicación de la Ley de Pareto en la gestión del tiempo tiene múltiples beneficios, especialmente cuando se trata de mejorar la eficiencia y el enfoque. A continuación, algunos de los beneficios principales de este principio:

- **Incremento de la productividad**: Al enfocarte en el 20% de actividades de alto valor, aumentas la cantidad de trabajo productivo y logras resultados significativos en menos tiempo. Esto permite que avances de manera constante hacia tus metas sin necesidad de extender el tiempo de trabajo innecesariamente.

- **Reducción de la sobrecarga mental**: La Ley de Pareto ayuda a reducir el agotamiento y el estrés al eliminar la presión de abordar todas las tareas con la misma intensidad. Al priorizar las actividades clave, simplificas tu jornada y mejoras la calidad de tu trabajo, ya que puedes concentrarte plenamente en lo más importante.

- **Mejora en la toma de decisiones**: Al adoptar el principio 80/20, te vuelves más consciente de la importancia de cada actividad y desarrollas una habilidad para tomar decisiones estratégicas sobre cómo invertir tu tiempo. Esta habilidad es fundamental para el éxito a largo plazo, ya que te permite gestionar de manera eficaz tus recursos y optimizar el uso del tiempo.

- **Aumento de la satisfacción y motivación**: Ver resultados significativos en menos tiempo genera una sensación de logro y satisfacción. Esta experiencia refuerza tu motivación y te impulsa a continuar trabajando hacia tus metas. Al aplicar la Ley de Pareto, cada esfuerzo se siente alineado con el progreso, lo que crea un ciclo positivo de productividad y motivación.

- **Liberación de tiempo para actividades de desarrollo personal**: Al reducir el tiempo que dedicas a actividades de bajo valor, liberas tiempo para invertir en áreas de crecimiento personal y profesional. Esto puede incluir la capacitación, la práctica de habilidades o actividades que mejoren tu bienestar general. Esta perspectiva equilibrada de la productividad te permite alcanzar el éxito sin sacrificar otras áreas importantes de tu vida.

La matriz de Eisenhower

La matriz de Eisenhower es una herramienta de gestión del tiempo diseñada para ayudarte a priorizar tareas de manera efectiva y a concentrarte en lo que realmente importa. Esta matriz se basa en la clasificación de las tareas según dos criterios: urgencia e importancia. Fue popularizada por Dwight D. Eisenhower, general y 34º presidente de los Estados Unidos, quien manejó una vida llena de responsabilidades y desafíos.

Para gestionar eficazmente sus múltiples obligaciones, Eisenhower desarrolló esta metodología que hoy en día es conocida como la "matriz de Eisenhower".

La matriz se presenta como un cuadrante dividido en cuatro categorías, en el que cada tarea se clasifica según su urgencia e importancia. Este enfoque permite visualizar y organizar las tareas de manera estratégica, ayudándote a tomar decisiones informadas sobre qué hacer, qué delegar y qué eliminar. La matriz de Eisenhower no solo es útil para aumentar la productividad, sino que también reduce el estrés y la sobrecarga al permitirte centrarte en las tareas que realmente aportan valor a tus objetivos.

Cómo funciona la matriz de Eisenhower: Los cuatro cuadrantes

La matriz de Eisenhower está compuesta por cuatro cuadrantes, cada uno de los cuales representa una combinación de urgencia e importancia. A continuación, se explica cómo funciona cada cuadrante y cómo se deben gestionar las tareas en cada uno de ellos:

- **Cuadrante 1: Importante y Urgente (hacer de inmediato)** Este cuadrante incluye las tareas que son tanto importantes como urgentes y, por lo tanto, requieren atención inmediata. Estas actividades suelen estar relacionadas con crisis, problemas críticos y plazos cercanos. Dado que estas tareas tienen un impacto significativo y deben resolverse sin demora, es prioritario abordarlas primero.
  Sin embargo, es importante evitar que la mayor parte de las tareas caigan en este cuadrante, ya que operar continuamente en un estado de urgencia puede llevar al estrés y al agotamiento. Muchas tareas importantes se

convierten en urgentes cuando se posponen, por lo que es esencial gestionar bien el tiempo y la planificación para minimizar la cantidad de tareas en este cuadrante.

- **Cuadrante 2: Importante pero No Urgente (planificar y programar)**

  Este cuadrante es el área ideal para el crecimiento y la productividad a largo plazo, ya que contiene las tareas importantes que no son urgentes. Aquí se incluyen actividades relacionadas con la planificación, el desarrollo personal, la estrategia y el establecimiento de metas. Dedicar tiempo a las tareas de este cuadrante te permite anticiparte a problemas futuros y progresar en tus objetivos sin estar bajo presión constante.

  Enfocarte en las tareas del cuadrante 2 es fundamental para lograr una vida equilibrada y para avanzar hacia tus metas sin caer en un estado de crisis. Planificar y programar las actividades en este cuadrante puede prevenir que las tareas importantes se conviertan en urgentes, ayudándote a tener un mayor control sobre tu tiempo y a reducir el estrés.

- **Cuadrante 3: Urgente pero No Importante (delegar o minimizar)**

  Las tareas de este cuadrante suelen ser urgentes pero de bajo impacto en tus objetivos a largo plazo. Incluyen actividades que requieren atención inmediata pero que no contribuyen de manera significativa a tus metas, como interrupciones, llamadas o correos electrónicos que podrían delegarse.

  Para optimizar tu productividad, es recomendable delegar o minimizar las tareas del cuadrante 3 siempre que sea posible. Dedicar demasiado tiempo a estas actividades puede distraerte de tareas más importantes y limitar tu progreso. Identificar y reducir el tiempo invertido en tareas urgentes pero no importantes es clave para liberar tiempo y energía para lo que realmente aporta valor a tu vida y tu trabajo.

- **Cuadrante 4: No Urgente y No Importante (eliminar o minimizar)**

  Las tareas de este cuadrante son las menos prioritarias, ya que no aportan valor significativo ni a corto ni a largo plazo. Incluyen actividades como la navegación sin objetivo en redes sociales, el consumo excesivo de entretenimiento o actividades que no tienen un impacto positivo en tu vida.

  Las tareas del cuadrante 4 deben reducirse al mínimo o eliminarse por completo. Aunque todos necesitamos momentos de ocio, es importante ser consciente de no dedicar un tiempo excesivo a actividades que no tienen un propósito productivo o personal significativo. Identificar y eliminar estas distracciones es esencial para maximizar el uso efectivo del tiempo y avanzar en tus objetivos.

La ciencia detrás de la matriz de Eisenhower

La matriz de Eisenhower funciona porque se basa en principios psicológicos de priorización y enfoque. Estudios en psicología cognitiva han demostrado que la toma de decisiones y la administración de tareas son más efectivas cuando organizamos nuestras actividades en función de la importancia y la urgencia. Este enfoque ayuda a reducir la sobrecarga cognitiva y nos permite tomar decisiones más rápidas y estratégicas.

Un estudio de la Universidad de California, Los Ángeles (UCLA) sobre el impacto de la priorización en la productividad reveló que las personas que estructuran sus tareas en función de la importancia y la urgencia experimentan una mayor satisfacción y un menor nivel de estrés en comparación con quienes intentan abordar las tareas sin un orden específico. El estudio mostró que el simple acto de clasificar las actividades mejora la claridad mental y reduce la tendencia a procrastinar, ya que las tareas importantes se abordan de manera proactiva.

Además, la matriz de Eisenhower fomenta el enfoque en las tareas del cuadrante 2 (importantes pero no urgentes), que son esenciales para el crecimiento a largo plazo. Al dedicar tiempo a la planificación y al desarrollo personal, creamos una base sólida para lograr nuestras metas, lo que reduce la probabilidad de que las tareas se conviertan en crisis.

Cómo aplicar la matriz de Eisenhower en la gestión del tiempo

Aplicar la matriz de Eisenhower en tu vida diaria es una forma efectiva de organizar tus tareas y de asegurarte de que estás invirtiendo tu tiempo de manera estratégica. A continuación, algunos pasos para implementar este método:

1. **Haz una lista de todas tus tareas y clasifícalas en los cuadrantes**: Comienza haciendo una lista de todas las tareas que tienes pendientes. Una vez que tengas la lista, clasifica cada tarea en uno de los cuatro cuadrantes según su urgencia e importancia. Esta clasificación inicial te dará una visión clara de tus prioridades y te ayudará a entender cuáles actividades merecen más atención.
2. **Dedica la mayor parte de tu tiempo a los cuadrantes 1 y 2**: Las tareas de los cuadrantes 1 y 2 son las que tienen el mayor impacto en tus metas y en tu crecimiento. Dedica la mayor parte de tu tiempo y energía a estas actividades para asegurarte de que estás avanzando en lo que realmente importa. Enfocarte en el cuadrante 2 en particular te ayudará a ser proactivo y a evitar que las tareas importantes se conviertan en urgentes.

3. **Desarrolla el hábito de delegar y minimizar las tareas del cuadrante 3**: Si tienes tareas en el cuadrante 3 (urgentes pero no importantes), considera delegarlas a alguien más o reducir su frecuencia. Aprender a decir "no" a tareas que no contribuyen a tus metas es fundamental para liberar tiempo y energía para lo que realmente aporta valor.

4. **Identifica y elimina las distracciones del cuadrante 4**: Las tareas del cuadrante 4 son las menos importantes y, a menudo, las que más tiempo nos hacen perder. Estas actividades, aunque a veces sean entretenidas, no contribuyen a tus metas y pueden desviar tu atención de lo que realmente importa. Reducir o eliminar las actividades del cuadrante 4 te ayudará a maximizar tu eficiencia y a avanzar en tus objetivos con menos distracciones.

5. **Revisa y ajusta tu matriz regularmente**: La matriz de Eisenhower es una herramienta dinámica que debe revisarse periódicamente. A medida que tus prioridades cambien, ajusta tus tareas en los cuadrantes para asegurarte de que estás manteniendo un enfoque claro en lo que realmente importa. Esta revisión periódica también te ayuda a identificar áreas de mejora y a refinar tu estrategia de gestión del tiempo.

Beneficios de aplicar la matriz de Eisenhower

La matriz de Eisenhower ofrece múltiples beneficios para quienes buscan mejorar su gestión del tiempo y aumentar su productividad. Entre los principales beneficios destacan:

- **Mayor claridad y enfoque**: Al clasificar las tareas en función de su importancia y urgencia, tienes una visión clara de lo que realmente importa, lo cual facilita la toma de decisiones y evita que te sientas abrumado por las responsabilidades.

- **Reducción del estrés y la sobrecarga mental**: La matriz de Eisenhower permite que te concentres en las tareas de mayor impacto, lo cual reduce la sobrecarga de trabajo y el estrés asociado a la falta de priorización. Al enfocarte en las tareas críticas y en la planificación, puedes anticiparte a los problemas y evitar situaciones de crisis.
- **Aumento de la productividad**: Al reducir el tiempo invertido en tareas de bajo impacto y al dedicar más esfuerzo a las actividades de valor, mejoras tu productividad de manera significativa. Este enfoque te permite avanzar en tus metas de manera eficiente y sostenida.
- **Mejora en la gestión de distracciones**: La matriz de Eisenhower ayuda a identificar y minimizar las distracciones y actividades improductivas. Al eliminar o reducir las tareas del cuadrante 4, puedes concentrarte en tus objetivos y dedicar más tiempo a lo que realmente importa.

El método GTD (Getting Things Done)

El método GTD, Getting Things Done (Organízate con eficacia), desarrollado por el consultor de productividad David Allen, es una metodología de gestión del tiempo que busca organizar las tareas y responsabilidades para liberar la mente de preocupaciones y permitir un enfoque productivo. Publicado por primera vez en su libro Getting Things Done: The Art of Stress-Free Productivity (Organízate con eficacia: El arte de la productividad sin estrés), el método GTD propone un enfoque sistemático para capturar, procesar, organizar y revisar todas las tareas y proyectos pendientes, de modo que podamos trabajar de manera eficiente y sin estrés.

El objetivo principal de este método es trasladar las responsabilidades, ideas y tareas de la mente a un sistema confiable y organizado. Al hacerlo, evitamos la sobrecarga mental y mejoramos la claridad, lo que facilita la toma de decisiones y permite que la mente se concentre en las tareas actuales. Este método se ha convertido en una herramienta esencial para quienes buscan maximizar su productividad, especialmente en contextos de alta demanda, donde es fácil sentirse abrumado por múltiples obligaciones y proyectos en curso.

Los cinco pasos del método GTD

El método GTD se basa en cinco pasos clave que ayudan a organizar las tareas y proyectos de manera estructurada.

A continuación, se explica cada paso y su propósito en la gestión del tiempo y la productividad.

1. **Capturar**: El primer paso consiste en capturar o registrar todas las tareas, ideas, compromisos y proyectos que tienes en mente. Esto incluye cualquier cosa que requiera tu atención o que deba ser realizada en algún momento, desde una cita hasta un proyecto importante. La idea es trasladar todo a un sistema externo, como una lista o una aplicación de notas, para que la mente no tenga que retener información de manera constante.
   Capturar es un proceso de "vaciado mental" que reduce la carga cognitiva y permite que la mente esté más libre y enfocada. La clave es capturar todo sin evaluar en el momento; el objetivo es simplemente registrar cada tarea o idea para procesarla más tarde.
2. **Procesar**: Una vez que has capturado todas las tareas y responsabilidades, el siguiente paso es procesarlas, es decir, decidir qué significa cada elemento y qué acción

requiere. Para cada tarea, pregunta: "¿Qué es esto?" y
"¿Qué tengo que hacer con esto?". Si la tarea requiere
una acción específica, identifica qué acción es y si se
puede completar en dos minutos o menos.

En este paso, puedes elegir entre tres opciones: hacer,
delegar o diferir. Si la tarea se puede completar
rápidamente (menos de dos minutos), hazla de
inmediato. Si es algo que puede delegarse a otra persona,
asigna la responsabilidad. Si es una tarea más compleja o
que necesita ser realizada más tarde, prográmala o
clasifícala en una lista de tareas pendientes. Procesar
cada elemento de esta manera te permite aclarar su
propósito y definir un siguiente paso claro.

3. **Organizar**: El tercer paso es organizar las tareas y
   acciones en categorías o listas específicas, para que
   puedas gestionarlas y priorizarlas de manera eficiente. El
   método GTD sugiere varios tipos de listas para organizar
   las tareas de acuerdo con su contexto o prioridad. Estas
   listas incluyen:

   a. **Proyectos**: Cualquier tarea que requiera más de un
      paso para completarse. Esta lista te permite
      agrupar todas las acciones necesarias para avanzar
      en cada proyecto.

   b. **Próximas acciones**: Tareas que necesitan ser
      realizadas a continuación y que están listas para
      ejecutarse.

   c. **A la espera**: Tareas que has delegado o que
      dependen de otra persona. Esta lista te ayuda a
      realizar un seguimiento de las tareas pendientes
      de otras personas.

   d. **Calendario**: Eventos o tareas que deben realizarse
      en una fecha y hora específica. El calendario solo
      debe incluir compromisos y acciones que no
      puedan posponerse, para evitar la sobrecarga.

e. **Algún día/tal vez**: Ideas o proyectos potenciales que no requieren atención inmediata, pero que podrías querer realizar en el futuro.

Organizar las tareas en estas listas permite que todo esté en su lugar, lo que facilita el acceso y la revisión. Este sistema estructurado reduce el estrés al crear un espacio de trabajo claro y manejable.

4. **Revisar**: La revisión regular es esencial para mantener el método GTD funcionando de manera efectiva. Allen sugiere realizar una revisión semanal en la que se revisan todas las listas y proyectos, se actualizan las tareas completadas y se reorganizan los elementos que necesiten ajustes. Esta revisión te permite ver el panorama general, asegurarte de que estás avanzando en tus metas y ajustar las prioridades según sea necesario.

   La revisión semanal es un componente fundamental de GTD, ya que garantiza que tu sistema esté actualizado y alineado con tus metas. También ayuda a reducir la ansiedad y el caos, ya que puedes identificar y resolver problemas antes de que se acumulen.

5. **Hacer**: El paso final es simplemente realizar las tareas organizadas en la lista de "Próximas acciones". En este punto, puedes elegir qué tareas abordar según el contexto, el tiempo disponible y el nivel de energía que tengas. La idea es que, gracias a los pasos anteriores, ahora tienes un sistema confiable que contiene todas las tareas organizadas y listas para ser ejecutadas de acuerdo a su prioridad.

   En lugar de trabajar de manera reactiva o basándote en la urgencia, el método GTD permite trabajar de manera proactiva y en un estado de flujo, ya que sabes que todo está capturado, procesado y organizado en el sistema.

La ciencia detrás del método GTD

El método GTD funciona porque se basa en principios psicológicos y neurológicos que mejoran la capacidad de concentración y reducen la ansiedad. El "vaciar la mente" en un sistema confiable (el primer paso de captura) se apoya en la teoría de la carga cognitiva, que sostiene que la memoria de trabajo tiene una capacidad limitada para retener información. Cuando intentamos recordar y gestionar múltiples tareas en la mente, sobrecargamos la memoria de trabajo, lo que genera estrés y afecta negativamente la capacidad de concentración.

Además, el método GTD ayuda a combatir la "parálisis por análisis", un fenómeno en el que el cerebro se ve abrumado al tratar de decidir entre múltiples opciones y prioridades. Al procesar y organizar cada tarea en listas definidas, el método GTD estructura y simplifica la toma de decisiones, permitiendo que la mente se enfoque solo en la tarea actual. Esta estructura de organización también mejora la capacidad de mantener la autodisciplina y la motivación, ya que cada tarea tiene un contexto claro y un propósito definido.

Un estudio de la Universidad de Duke sobre métodos de productividad demostró que las personas que utilizan sistemas de organización como el método GTD experimentan menos estrés y son más eficaces en el cumplimiento de metas a largo plazo. Esto se debe a que la estructura de GTD reduce la tendencia a procrastinar y fomenta una mentalidad de progreso constante, al dividir grandes proyectos en tareas manejables y en una secuencia de pasos.

Por otro lado, uno de los beneficios clave del GTD, es el llamado "efecto de mente clara". Este efecto se refiere al estado de calma y enfoque que las personas experimentan cuando han "vaciado" sus pendientes y tienen un sistema confiable para gestionar sus responsabilidades. Cuando todo está registrado y organizado en el sistema GTD, la mente no necesita preocuparse por recordar detalles o por gestionar múltiples tareas, ya que el sistema se encarga de ello. Esta liberación cognitiva permite una mayor concentración y reduce significativamente el estrés, ya que se elimina la sobrecarga mental de estar constantemente recordando o monitoreando pendientes.

Este estado de "mente clara" facilita el flujo de trabajo, permite que el cerebro se enfoque por completo en la tarea actual y mejora la capacidad para adaptarse a cambios inesperados, ya que el sistema GTD mantiene la estructura y el orden. Este efecto de claridad mental contribuye a un sentido de bienestar y calma, mejorando la motivación y la disposición para trabajar en proyectos a largo plazo sin la presión de tener que gestionar cada detalle mentalmente.

Beneficios de aplicar el método GTD en la gestión del tiempo

El método GTD ofrece múltiples beneficios que mejoran la gestión del tiempo y la productividad:

- **Reducción del estrés y la sobrecarga mental**: Al capturar todas las tareas en un sistema confiable, la mente queda libre para concentrarse en la tarea actual sin la presión de recordar otras responsabilidades. Esto reduce el estrés y mejora la claridad mental.
- **Mejora en la organización y la claridad**: El sistema de listas estructuradas de GTD permite tener una visión clara de todas las tareas pendientes y facilita la organización y priorización. Este enfoque mejora la capacidad de tomar decisiones informadas y de planificar de manera estratégica.
- **Aumento de la productividad y la eficiencia**: Al tener todas las tareas procesadas y organizadas, el método

GTD permite trabajar de manera proactiva y enfocada. La
mente no se distrae con pensamientos de tareas sin
procesar, lo que mejora la eficiencia y facilita el logro de
metas.

- **Desarrollo de autodisciplina y enfoque**: GTD fomenta la
autodisciplina al requerir una revisión semanal y al
organizar las tareas en pasos concretos y específicos. Este
hábito ayuda a mantener el compromiso y la consistencia
en el trabajo, incluso en proyectos a largo plazo.

- **Flexibilidad y adaptabilidad**: El método GTD es
altamente flexible y puede adaptarse a diferentes
contextos, desde proyectos de trabajo hasta metas
personales. Su estructura permite ajustar prioridades y
organizar el flujo de trabajo según las circunstancias, lo
cual es invaluable en entornos cambiantes.

Cómo evitar el "síndrome de la perfección"

El "síndrome de la perfección" es una tendencia a buscar la
perfección en cada tarea, actividad o proyecto, lo que puede
llevar a la procrastinación, la frustración y el agotamiento. Las
personas perfeccionistas suelen establecer estándares
extremadamente altos que, aunque inspiradores en un
principio, pueden convertirse en un obstáculo para el progreso
y la eficiencia. En la gestión del tiempo, el perfeccionismo actúa
como una barrera que ralentiza la toma de decisiones y alarga
innecesariamente las tareas, afectando la productividad y
dificultando el avance hacia las metas.

Evitar el síndrome de la perfección es esencial para mejorar la
gestión del tiempo, ya que permite a las personas centrarse en lo
que realmente importa y avanzar con confianza, en lugar de
detenerse en detalles insignificantes o buscar una perfección
inalcanzable.

El impacto del perfeccionismo en la productividad y el bienestar

El perfeccionismo no solo afecta la productividad, sino también el bienestar emocional. Estudios en psicología han demostrado que el perfeccionismo suele estar vinculado con altos niveles de estrés, ansiedad y, en algunos casos, procrastinación. Las personas perfeccionistas suelen caer en un ciclo en el que se exigen estándares tan elevados que, al no alcanzarlos, experimentan frustración o insatisfacción. Este ciclo, además de ser agotador, reduce la capacidad de disfrutar del progreso y de aprender del proceso.

Los perfeccionistas tienden a posponer el inicio de las tareas o a abandonar proyectos cuando sienten que no podrán alcanzar sus altos estándares. Esta procrastinación, paradójicamente, los aleja de sus metas, ya que el miedo a no lograr la perfección les impide avanzar. Por otro lado, las personas perfeccionistas suelen dedicar una cantidad de tiempo desproporcionada a los detalles, lo que afecta la eficiencia y dificulta la finalización de las tareas.

El perfeccionismo también fomenta una mentalidad de "todo o nada", en la que las personas creen que, si no pueden alcanzar la perfección, es mejor no hacer nada. Este enfoque limita el crecimiento personal y profesional, ya que impide experimentar, aprender de los errores y aceptar el progreso gradual como un aspecto positivo. Para superar el perfeccionismo, es fundamental adoptar una mentalidad de crecimiento y aceptar que la mejora continua es más valiosa que la perfección.

Estrategias para evitar el síndrome de la perfección y mejorar la gestión del tiempo

- **Establece metas alcanzables y realistas**: Una de las causas del perfeccionismo es la fijación de estándares poco realistas o inalcanzables. Para evitar el síndrome de la perfección, es importante establecer metas específicas y realistas que puedan alcanzarse de manera progresiva. Divide tus objetivos en metas alcanzables y celebra cada logro como un paso valioso en el camino hacia tu objetivo final. Al enfocarte en el progreso y en las metas alcanzables, te permites avanzar sin la presión de lograr un resultado perfecto.

- **Prioriza el progreso sobre la perfección**: En lugar de centrarte en alcanzar la perfección en cada aspecto de una tarea, prioriza el progreso y el aprendizaje. Acepta que los errores y las mejoras graduales son una parte natural del proceso de crecimiento. El enfoque en el progreso te permite avanzar con eficiencia y reduce el tiempo dedicado a detalles insignificantes que no tienen un impacto significativo en el resultado final.

- **Establece límites de tiempo para cada tarea**: La Ley de Parkinson establece que "el trabajo se expande para llenar el tiempo disponible para su realización". Al establecer límites de tiempo para cada tarea, te obligas a completar el trabajo en un plazo específico, lo que reduce la tendencia a perfeccionar indefinidamente. Por ejemplo, si te das una hora para completar un informe, te enfocarás en los aspectos esenciales y evitarás dedicar tiempo extra a detalles menores.

- **Acepta que "suficientemente bueno" es suficiente**: Para superar el perfeccionismo, es importante aceptar que la mayoría de las tareas no necesitan ser perfectas para ser efectivas. Practica el concepto de "suficientemente bueno" en las tareas diarias, en el que te comprometes a realizar el trabajo de manera competente, sin exigir la perfección. Este enfoque te permite mantener la productividad y avanzar en tus metas sin sacrificar la calidad general de tu trabajo.

- **Desarrolla una mentalidad de aprendizaje**: En lugar de ver cada tarea como una oportunidad para demostrar tu perfección, enfócate en verla como una oportunidad de aprendizaje. Adopta una mentalidad de crecimiento, en la que cada experiencia se convierte en una lección que contribuye a tu desarrollo. Esta mentalidad reduce la presión por la perfección y permite que te sientas satisfecho con el avance y el aprendizaje, en lugar de obsesionarte con el resultado final.

- **Aplica la técnica de revisión limitada**: Si te encuentras revisando o corrigiendo una tarea más de una o dos veces, es probable que el perfeccionismo esté ralentizando tu progreso. Establece un límite de revisiones y corrige solo los errores más importantes. Este enfoque te permite producir un trabajo de calidad sin caer en un ciclo interminable de revisiones que consume tiempo y energía.

- **Celebra cada logro y reconocimiento**: El perfeccionismo a menudo impide disfrutar de los logros, ya que la mente se enfoca en los errores o en lo que "podría haber sido mejor". Cada vez que completes una tarea o logres un avance, celebra el esfuerzo y el progreso. Reconocer cada logro te permite apreciar el proceso y reducir la presión de alcanzar una perfección inalcanzable.

La importancia de evitar el perfeccionismo en la gestión del tiempo

Evitar el perfeccionismo es fundamental para gestionar el tiempo de manera eficiente y para trabajar con mayor tranquilidad y satisfacción. La búsqueda constante de la perfección consume tiempo y energía que podrían destinarse a actividades de mayor valor, y aumenta el riesgo de agotamiento y estrés. Al aceptar que el progreso y la mejora continua son más valiosos que la perfección, nos damos permiso para avanzar en nuestras metas sin el peso de expectativas irrealistas.

Superar el perfeccionismo también permite desarrollar una mayor capacidad de adaptación y de aprendizaje. Al dejar de exigirnos la perfección, aprendemos a aceptar los errores como oportunidades de crecimiento y a concentrarnos en el avance en lugar de en el resultado final. Esta mentalidad de aprendizaje fomenta la resiliencia y la flexibilidad, habilidades clave para gestionar el tiempo y enfrentar los desafíos de manera efectiva.

Aprende a decir "no"

Muchas veces, la incapacidad de rechazar compromisos o solicitudes adicionales nos lleva a sobrecargarnos de responsabilidades que dificultan el progreso en nuestras metas principales. Aunque puede ser incómodo, decir "no" de manera asertiva es una forma de establecer límites claros y de proteger nuestro tiempo y energía para dedicarlos a lo que realmente importa.

Decir "no" no significa ser egoísta o desinteresado; se trata de valorar tu tiempo y tus prioridades. Cuando nos comprometemos en exceso, es fácil perder el enfoque y sacrificar tareas esenciales por cumplir con las demandas externas. Aprender a decir "no" nos permite recuperar el control sobre nuestras responsabilidades y tomar decisiones conscientes en función de nuestros objetivos y bienestar.

La importancia de decir "no" en la gestión del tiempo

La incapacidad de decir "no" suele ser una de las principales causas de sobrecarga y agotamiento. Cuando nos sentimos obligados a aceptar cada solicitud o compromiso, nuestros horarios se llenan rápidamente de actividades que no necesariamente contribuyen a nuestras metas. Esto nos deja con menos tiempo y energía para invertir en tareas de alto impacto y en actividades que realmente nos acercan a nuestros objetivos.

Decir "no" de manera estratégica nos ayuda a:

- **Proteger el tiempo para lo esencial**: Al decir "no" a las actividades de bajo valor o de menor importancia, liberamos tiempo para dedicarlo a lo que realmente importa. Esto nos permite avanzar en proyectos importantes sin interrupciones ni distracciones innecesarias.

- **Reducir el estrés y el agotamiento**: Al rechazar tareas adicionales que no son prioritarias, disminuimos la carga mental y emocional. Esto permite una vida más equilibrada y reduce el riesgo de agotamiento, especialmente cuando el exceso de compromisos genera ansiedad o impide el descanso necesario.

- **Aumentar la efectividad y la productividad**: Decir "no" de manera consciente permite concentrarse en las tareas que generan el mayor impacto. Esto no solo mejora la calidad del trabajo, sino que también incrementa la eficiencia, ya que el tiempo y la energía se destinan a actividades clave.

- **Establecer límites y respetarlos**: Decir "no" es una forma de establecer y respetar límites personales. Este hábito ayuda a construir relaciones sanas, en las que las personas entienden tus prioridades y respetan tu tiempo. Los límites claros permiten que otros reconozcan tus necesidades y aspiraciones, y refuerzan el respeto mutuo.

Estrategias para aprender a decir "no"

- **Define tus prioridades con claridad**: Antes de poder decir "no" de manera efectiva, es esencial tener claridad sobre tus prioridades. Define tus metas y los proyectos más importantes en tu vida, y utiliza estas prioridades como base para decidir a qué compromisos puedes decir "sí" y a cuáles deberías decir "no". Al tener un propósito claro, es más fácil rechazar aquellas actividades que no están alineadas con tus objetivos.

- **Evalúa el impacto de cada compromiso**: Antes de aceptar una nueva responsabilidad, pregúntate si contribuirá positivamente a tus metas o si añadirá valor significativo a tu vida. Si la respuesta es negativa o si el compromiso implica un costo de tiempo que afecta otras áreas importantes, considera decir "no". Evaluar el impacto de cada actividad ayuda a tomar decisiones informadas y a evitar comprometerte en exceso.

- **Practica una respuesta asertiva y respetuosa**: Aprender a decir "no" de manera asertiva es clave para mantener relaciones sanas y equilibradas. Puedes usar respuestas como: "Aprecio la invitación, pero no puedo comprometerme en este momento", o "Gracias por pensar en mí, pero ya tengo otros compromisos prioritarios". Responder de manera educada y firme muestra respeto hacia la otra persona, a la vez que reafirma tus límites.

- **Ofrece una alternativa cuando sea apropiado**: En algunas situaciones, rechazar una solicitud con una alternativa puede ayudar a suavizar el "no" y a mantener la relación con la persona que hizo la solicitud. Por ejemplo, podrías decir: "No puedo hacerlo en este momento, pero puedo ayudarte más adelante" o "No tengo la disponibilidad para asumir esta tarea, pero puedo sugerir a alguien que podría ayudarte". Esta estrategia muestra tu disposición a colaborar sin comprometer tu tiempo y tus prioridades.

- **Evita las explicaciones excesivas**: Cuando dices "no", no es necesario justificar en exceso tus razones, ya que esto puede debilitar tu posición y hacer que el otro insista en que cambies de opinión. Mantén tu respuesta breve y clara, evitando entrar en explicaciones prolongadas. Por ejemplo, simplemente decir "No podré asistir, tengo otros compromisos" es suficiente y evita una conversación extendida.

- **Refuerza el "no" como una forma de autocuidado**: Recordarte a ti mismo que decir "no" es una forma de autocuidado puede ayudarte a evitar la culpa que a veces acompaña al rechazo. Cada vez que rechazas una solicitud que no se alinea con tus prioridades, estás protegiendo tu tiempo y tu bienestar, lo cual es esencial para avanzar en tus metas de manera equilibrada y satisfactoria.

- **Aprende a decir "no" con firmeza y sin culpa**: El sentimiento de culpa suele ser un obstáculo para aprender a decir "no". Practicar este hábito te permitirá desarrollar una firmeza que reducirá la culpa con el tiempo. Recuerda que cada vez que dices "no" a una tarea menos importante, estás diciendo "sí" a tus prioridades y a un mejor manejo de tu tiempo.

Los beneficios de aprender a decir "no"

Aprender a decir "no" tiene múltiples beneficios que impactan positivamente la gestión del tiempo, la productividad y el bienestar emocional. Entre los principales beneficios se destacan:

- **Mayor concentración en lo que realmente importa**: Al rechazar actividades que no son prioritarias, liberas tiempo para invertir en las metas y proyectos que son realmente significativos en tu vida. Esta concentración te permite avanzar más rápido y con mayor satisfacción en tus objetivos.

- **Reducción del estrés y el agotamiento**: Decir "no" ayuda a evitar la sobrecarga de compromisos y a reducir el riesgo de agotamiento. Al mantener tus responsabilidades en un nivel manejable, puedes trabajar de manera más relajada y disfrutar de un equilibrio saludable entre tus responsabilidades y tu tiempo personal.
- **Desarrollo de la autodisciplina**: Aprender a decir "no" es una manifestación de autodisciplina, ya que implica tomar decisiones conscientes en función de tus prioridades. Esta habilidad te ayuda a fortalecer tu capacidad de gestionar el tiempo de manera estratégica y de mantenerte comprometido con tus objetivos a largo plazo.
- **Fortalecimiento de la autoestima y la autoconfianza**: Al decir "no" y establecer límites, desarrollas una mayor confianza en tus decisiones y en tus prioridades. Este proceso de autodefensa fortalece la autoestima y te permite sentirte más seguro de tus elecciones, lo cual es fundamental para alcanzar tus metas con determinación.
- **Relaciones más saludables**: Decir "no" de manera asertiva y respetuosa ayuda a construir relaciones basadas en el respeto mutuo. Al comunicar tus límites con claridad, las personas a tu alrededor aprenden a respetar tus necesidades y a valorar tu tiempo, lo que contribuye a un entorno de relaciones sanas y equilibradas.

Capítulo 5: El estrés de ser autodisciplinado

"El éxito depende de la preparación previa, y sin ella seguro llega el fracaso."
— Confucio

En este capítulo, aprenderás a reconocer y manejar el estrés que a menudo surge al intentar mantener una autodisciplina constante. Entenderás cómo el estrés impacta tu cuerpo y mente, y descubrirás la diferencia entre el estrés positivo, que puede impulsarte a crecer, y el estrés negativo, que obstaculiza tus esfuerzos.

También aprenderás técnicas para reducir el impacto del estrés en tu vida, incluyendo el poder de una dieta balanceada, el ejercicio físico y el descanso adecuado. Luego, descubrirás estrategias para reencuadrar mentalmente el estrés y transformarlo en una fuente de motivación, en lugar de verlo como un obstáculo. Al final de este capítulo, tendrás herramientas prácticas para mantener la autodisciplina sin que el esfuerzo se convierta en una carga, sino en un proceso de crecimiento equilibrado y saludable.

Qué es el estrés y cómo afecta el cuerpo y la mente

El estrés es una respuesta natural del cuerpo y la mente ante situaciones percibidas como desafiantes, amenazantes o demandantes. Esta respuesta tiene raíces evolutivas, ya que, en sus orígenes, el estrés ayudaba a los seres humanos a enfrentar amenazas inmediatas, activando el cuerpo para reaccionar rápidamente a los peligros. Sin embargo, en el mundo moderno, donde las "amenazas" no son depredadores ni peligros físicos, el estrés puede activarse en situaciones cotidianas como plazos de trabajo, responsabilidades personales y presiones sociales. Aunque el estrés es una respuesta que puede ser útil en ciertas dosis, el estrés crónico y prolongado tiene un impacto negativo significativo en la salud física y mental.

Para las personas que buscan desarrollar y mantener la autodisciplina, el estrés puede surgir de la presión autoimpuesta, las altas expectativas y la demanda constante de rendir al máximo. Mantenerse enfocado en los objetivos, cumplir con las responsabilidades y trabajar para lograr metas ambiciosas requiere un esfuerzo sostenido que, con el tiempo, puede llevar al agotamiento si no se maneja adecuadamente. Comprender cómo el estrés afecta el cuerpo y la mente es el primer paso para aprender a manejarlo de manera efectiva y para mantener un equilibrio saludable entre el compromiso con nuestras metas y el bienestar.

¿Qué sucede en el cuerpo durante una respuesta de estrés?

Cuando el cuerpo percibe una situación como estresante, el sistema nervioso central activa lo que se conoce como la "respuesta de lucha o huida".

En este proceso, el cerebro envía señales a las glándulas suprarrenales para liberar hormonas como la adrenalina y el cortisol. Estas hormonas preparan al cuerpo para enfrentar el desafío, aumentando la frecuencia cardíaca, elevando la presión arterial y liberando glucosa en el torrente sanguíneo para proporcionar energía adicional.

La adrenalina, que se libera casi instantáneamente, es responsable de la respuesta inicial de alerta y preparación física, lo que incluye el aumento de la velocidad y la agilidad, así como una mayor agudeza mental. El cortisol, por otro lado, se libera un poco más lentamente y ayuda a mantener el cuerpo en un estado de alerta prolongado. Sin embargo, si el cuerpo permanece en este estado de estrés durante demasiado tiempo, los niveles elevados de cortisol pueden tener efectos negativos. Entre los efectos más comunes del cortisol crónico se encuentran el debilitamiento del sistema inmunológico, el aumento de peso, la pérdida de masa muscular y la fatiga.

En el corto plazo, la respuesta de estrés puede ser beneficiosa, ya que nos permite reaccionar rápidamente y enfrentar los desafíos de manera eficaz. Pero cuando esta respuesta se prolonga, debido a la presión continua y a la falta de un descanso adecuado, el cuerpo se encuentra en un estado de estrés crónico, lo que genera un desgaste físico y mental significativo. El estrés sostenido también afecta los procesos metabólicos, la digestión y el sueño, lo cual tiene un impacto directo en la salud y la energía necesarias para mantener la autodisciplina a largo plazo.

Cómo afecta el cortisol a la corteza prefrontal

El cortisol es la hormona del estrés, liberada por las glándulas suprarrenales en respuesta a situaciones de amenaza o alta presión. Si bien el cortisol cumple una función útil en momentos de peligro al preparar al cuerpo para una respuesta rápida, cuando su liberación se vuelve constante y prolongada (como ocurre en el estrés crónico), puede tener efectos destructivos en el cerebro. La corteza prefrontal es particularmente vulnerable al exceso de cortisol debido a su delicada estructura y a su alta demanda de recursos neuronales.

Cuando el cortisol se encuentra elevado de manera crónica, altera la estructura y el funcionamiento de la corteza prefrontal de varias formas:

- **Disminución en el volumen de materia gris**: El estrés crónico y los altos niveles de cortisol pueden llevar a una reducción en el volumen de la materia gris en la corteza prefrontal. Esto significa que se pierden conexiones neuronales y densidad celular, lo cual afecta la capacidad de esta región para realizar funciones ejecutivas complejas. La disminución de materia gris impacta directamente en la habilidad para organizar, planificar y tomar decisiones informadas, debilitando la función ejecutiva necesaria para la autodisciplina.
- **Disminución de la conectividad neuronal**: La corteza prefrontal depende de una red compleja de conexiones neuronales para comunicarse con otras áreas del cerebro, como el sistema límbico (que controla las emociones). Cuando los niveles de cortisol son altos, estas conexiones se debilitan, lo cual afecta la capacidad de la corteza prefrontal para regular las respuestas emocionales impulsivas de regiones como la amígdala.

Esta disminución en la conectividad hace que sea más difícil resistir tentaciones y mantener el control sobre impulsos, ya que la corteza prefrontal pierde parte de su habilidad para "modular" la respuesta emocional.

- **Dificultades en la memoria de trabajo y en el procesamiento de información**: La memoria de trabajo, que es la capacidad de mantener y manipular información a corto plazo, es fundamental para la planificación y la toma de decisiones. Bajo estrés crónico, el funcionamiento de la memoria de trabajo se deteriora, lo cual afecta la capacidad de recordar detalles importantes y de realizar tareas que requieren el procesamiento simultáneo de información. Esto impacta directamente la autodisciplina, ya que una memoria de trabajo limitada dificulta la organización de ideas y la priorización de pasos necesarios para alcanzar metas.
- **Alteraciones en la toma de decisiones**: La toma de decisiones requiere que la corteza prefrontal evalúe opciones, proyecte consecuencias y elija la alternativa más beneficiosa. Sin embargo, bajo los efectos del estrés crónico, la capacidad para evaluar situaciones de manera lógica y estratégica se ve afectada. Las personas pueden comenzar a tomar decisiones impulsivas o a evitar decisiones difíciles, lo cual interfiere con la capacidad de mantener la autodisciplina y de avanzar hacia los objetivos. La toma de decisiones se vuelve reactiva en lugar de planificada, lo que genera un ciclo de decisiones poco efectivas que afectan la motivación y la productividad.

Impacto del debilitamiento de la corteza prefrontal en la autodisciplina

La autodisciplina depende en gran medida de una corteza prefrontal funcional, ya que esta región permite resistir impulsos, gestionar el tiempo y mantener el enfoque en las metas a largo plazo. Sin embargo, cuando el estrés crónico debilita la corteza prefrontal, mantener la autodisciplina se convierte en un desafío constante.

- **Resistencia reducida a la tentación**: El autocontrol, que es fundamental para resistir la gratificación inmediata en favor de metas a largo plazo, se ve comprometido cuando la corteza prefrontal no funciona de manera óptima. Esto aumenta la probabilidad de ceder ante distracciones o impulsos que desvían del camino hacia las metas, lo cual afecta la autodisciplina.
- **Dificultades en la planificación y organización**: La planificación y la organización son habilidades necesarias para establecer pasos claros hacia los objetivos. Sin embargo, el debilitamiento de la corteza prefrontal dificulta la creación de un plan de acción y la capacidad para adaptarse a cambios o ajustes necesarios. Esto afecta la eficacia de la autodisciplina, ya que las metas se vuelven menos concretas y más difíciles de gestionar de manera eficiente.
- **Aumento de la procrastinación**: La procrastinación es común en personas que experimentan altos niveles de estrés, en parte debido a la reducción de la función ejecutiva de la corteza prefrontal.

- Cuando el cerebro tiene dificultades para organizar ideas y tomar decisiones, la tarea de iniciar un proyecto o de cumplir con un compromiso se vuelve abrumadora, lo que fomenta la tendencia a posponer las responsabilidades. Este ciclo de procrastinación genera aún más estrés y refuerza el deterioro en la función ejecutiva, afectando de manera negativa la autodisciplina.

Además de los efectos en el rendimiento mental, el estrés también afecta el estado emocional. Las personas que experimentan estrés crónico son más propensas a sentirse irritables, ansiosas o desmotivadas. La sobrecarga de responsabilidades y la presión constante pueden generar una sensación de pérdida de control, lo cual, a su vez, aumenta la ansiedad y reduce la capacidad de disfrutar de las actividades cotidianas. Esta carga emocional afecta la motivación, ya que el estrés prolongado desvía la energía y el enfoque de las metas a largo plazo hacia la necesidad inmediata de lidiar con el malestar.

La paradoja del estrés en la autodisciplina

La autodisciplina requiere un compromiso constante con nuestras metas y la capacidad de mantenernos enfocados incluso cuando enfrentamos dificultades. Sin embargo, la presión de mantener una autodisciplina rigurosa también puede convertirse en una fuente de estrés. Muchas personas caen en una paradoja en la que la autodisciplina se convierte en un factor de estrés, ya que intentan cumplir con estándares elevados y perfeccionistas, sintiendo que cada paso es crucial para el éxito.

Esta paradoja se manifiesta en la tendencia a evitar el descanso o la relajación, creyendo que cada momento debe ser utilizado de manera productiva. Este enfoque no solo genera una presión constante, sino que también agota los recursos mentales y físicos, dificultando el mantenimiento de la autodisciplina a largo plazo. La autodisciplina saludable no consiste en mantener una presión incesante, sino en aprender a manejar el estrés de manera efectiva para evitar el agotamiento y mantener un equilibrio entre el esfuerzo y el bienestar.

Estrés positivo vs. estrés negativo

El estrés no siempre es perjudicial. Existen dos tipos de estrés: el **estrés positivo**, conocido como *eustrés*, y el **estrés negativo**, llamado *distrés*. Mientras que el distrés tiene efectos nocivos en el cuerpo y la mente, el eustrés actúa como un estímulo que impulsa el rendimiento, la motivación y el crecimiento. Comprender la diferencia entre ambos es esencial para quienes buscan desarrollar la autodisciplina de manera equilibrada, ya que el eustrés puede convertirse en una fuerza que nos impulse hacia el éxito, mientras que el distrés nos desgasta y nos aleja de nuestras metas.

Eustrés: El estrés positivo que impulsa el crecimiento

El eustrés o estrés positivo es el tipo de estrés que nos impulsa a enfrentar desafíos, a superar nuestros límites y a mantenernos enfocados en nuestras metas. Es una respuesta adaptativa que aparece en situaciones que, aunque demandantes, son percibidas como oportunidades de crecimiento. Por ejemplo, el eustrés puede surgir al asumir un nuevo proyecto, al aprender una habilidad o al prepararse para una competencia. Aunque estas situaciones generan presión, también nos motivan a mejorar, a explorar nuestro potencial y a fortalecer nuestra autodisciplina.

El eustrés activa la liberación de hormonas como la adrenalina y la dopamina, que ayudan a aumentar el enfoque, la energía y el rendimiento mental. En este estado, el estrés no se experimenta como una carga, sino como un impulso que refuerza la confianza y la motivación. Investigaciones han demostrado que el eustrés tiene beneficios para el cerebro y la salud mental, ya que fomenta una actitud positiva ante los desafíos y reduce la tendencia a procrastinar. Al ver los obstáculos como oportunidades de desarrollo, el eustrés ayuda a fortalecer la resiliencia y a promover una mentalidad de crecimiento.

Sin embargo, para que el eustrés mantenga su carácter positivo, es importante que exista un equilibrio entre el desafío y la capacidad de afrontarlo. Si las demandas se vuelven excesivas y sentimos que no contamos con los recursos para manejarlas, el eustrés puede transformarse en distrés.

Distrés: El estrés negativo que genera desgaste y agotamiento

El distrés es el tipo de estrés negativo que aparece cuando una situación es percibida como una amenaza o como algo abrumador que supera nuestras capacidades. A diferencia del eustrés, el distrés no motiva ni impulsa el crecimiento, sino que genera ansiedad, frustración y agotamiento. El distrés se asocia con situaciones en las que la presión se vuelve insostenible, como cargas de trabajo excesivas, plazos imposibles de cumplir o responsabilidades múltiples que sobrepasan los límites de manejo personal.

El distrés tiene efectos nocivos en el cuerpo y la mente. Fisiológicamente, el distrés crónico lleva a una liberación prolongada de cortisol, la "hormona del estrés", que afecta el sistema inmunológico, el sueño y el metabolismo. Psicológicamente, el distrés provoca una disminución en la capacidad de concentración, afecta el estado de ánimo y puede llevar al agotamiento emocional y físico. Además, el distrés afecta negativamente la autodisciplina, ya que cuando el cuerpo y la mente se encuentran en un estado de sobrecarga, la motivación y la capacidad de tomar decisiones racionales disminuyen.

El distrés también impacta la percepción de la realidad y la forma en que enfrentamos los problemas. Bajo el efecto del distrés, tendemos a ver los obstáculos como insuperables y perdemos la confianza en nuestras habilidades. Este estado genera un ciclo de retroalimentación negativa que afecta la productividad, la motivación y la capacidad para mantener la autodisciplina.

Cómo identificar si estás experimentando eustrés o distrés

Para gestionar de manera efectiva el estrés y aprovechar el eustrés sin caer en el distrés, es importante aprender a reconocer las señales de cada uno. A continuación, algunas pautas para diferenciar ambos tipos de estrés:

- **Eustrés**: Sientes una emoción positiva, como entusiasmo o desafío, ante una tarea o meta. Estás motivado para actuar y ves la situación como una oportunidad de crecimiento. Físicamente, el eustrés se experimenta como un aumento de energía sin síntomas de agotamiento. Emocionalmente, el eustrés te impulsa a enfocarte y a persistir.
- **Distrés**: Te sientes abrumado, ansioso o agotado ante una tarea o situación. Experimentas síntomas físicos como dolores de cabeza, tensión muscular o fatiga persistente. Emocionalmente, el distrés se caracteriza por pensamientos negativos, baja motivación y un sentimiento de impotencia. En lugar de ver la situación como un reto, la percibes como una carga.

Al aprender a identificar estas señales, puedes tomar decisiones conscientes sobre cómo gestionar el estrés de manera efectiva. Si reconoces que estás experimentando eustrés, puedes aprovechar esta energía positiva para avanzar en tus metas. Por otro lado, si notas señales de distrés, es importante implementar prácticas de autocuidado y manejo del estrés para evitar el agotamiento.

Estrategias para potenciar el eustrés y reducir el distrés

El objetivo en la gestión del estrés no es eliminarlo por completo, sino aprender a aprovechar el eustrés y reducir el impacto del distrés.

A continuación, algunas estrategias para fomentar el eustrés y gestionar el distrés de manera efectiva:

- **Establece metas desafiantes pero alcanzables**: Para experimentar eustrés, es importante que las metas sean realistas y que representen un reto manejable. Al establecer metas claras y alcanzables, puedes mantener la motivación sin que el estrés se vuelva abrumador. Recuerda ajustar las metas de acuerdo a tus capacidades y circunstancias para evitar que el eustrés se transforme en distrés.
- **Divide las tareas en etapas manejables**: El distrés suele aparecer cuando una tarea o proyecto parece demasiado grande o complicado. Dividir las metas en pasos más pequeños y alcanzables te ayuda a evitar el agobio y a concentrarte en el progreso. Al avanzar en cada etapa, experimentas una sensación de logro y puedes mantener el eustrés como una motivación positiva.
- **Practica la resiliencia y la flexibilidad**: La resiliencia es la capacidad de adaptarse y de mantener el compromiso en momentos de dificultad. Practicar la resiliencia te ayuda a ver los problemas como oportunidades de

aprendizaje en lugar de amenazas, lo que refuerza el eustrés. Mantén una actitud flexible y recuerda que los obstáculos son parte del proceso de crecimiento.

- **Realiza pausas de descanso y autocuidado**: La autodisciplina no significa trabajar sin descanso. El eustrés se puede convertir en distrés si no permites que tu cuerpo y mente se recuperen. Practica el autocuidado mediante actividades que te ayuden a relajarte, como el ejercicio, la meditación o los pasatiempos. Estas pausas permiten que el cuerpo recupere energía y que la mente se mantenga enfocada y motivada.

- **Redefine tus expectativas y prioridades**: Cuando el estrés comienza a volverse negativo, es útil reevaluar tus expectativas y tus prioridades. Pregúntate si estás exigiendo demasiado de ti mismo y si es posible ajustar tus metas. Al redefinir tus expectativas, puedes reducir el distrés y volver a experimentar el estrés positivo que motiva y empodera.

- **Usa técnicas de mindfulness para reducir la ansiedad**: Las técnicas de mindfulness y atención plena ayudan a reducir el distrés al enseñar a la mente a concentrarse en el momento presente. La práctica del mindfulness reduce la reactividad emocional y ayuda a enfrentar las situaciones con calma y claridad. Esto disminuye el impacto del distrés y permite que el eustrés continúe impulsando el rendimiento de manera saludable.

La importancia de encontrar el equilibrio

El estrés es una respuesta natural que puede ser beneficiosa o perjudicial, dependiendo de cómo la gestionemos. Aprovechar el eustrés permite avanzar hacia nuestras metas con entusiasmo y energía, mientras que el distrés nos aleja de nuestros objetivos y nos desgasta tanto física como mentalmente. Encontrar un equilibrio entre ambos tipos de estrés es esencial para mantener la autodisciplina de manera saludable y sostenible.

Para lograr este equilibrio, es fundamental desarrollar una autoconciencia que permita reconocer cuándo el estrés positivo está presente y cuándo comienza a transformarse en estrés negativo. Al identificar las señales de distrés y aplicar estrategias de manejo del estrés, podemos mantener la autodisciplina sin sacrificarnos. La autodisciplina no se trata de presionarnos hasta el agotamiento, sino de avanzar con determinación y cuidado personal.

La relación entre el estrés, la procrastinación y la pérdida de motivación

El estrés, la procrastinación y la pérdida de motivación están profundamente interrelacionados y, cuando no se gestionan adecuadamente, pueden convertirse en un ciclo que impide el progreso personal. La autodisciplina es esencial para el logro de metas, pero cuando el estrés se acumula y no se maneja de forma efectiva, puede desestabilizar la capacidad de concentrarse, reducir la motivación y fomentar la procrastinación. Entender cómo el estrés afecta estos factores es fundamental para mantener el equilibrio necesario en la búsqueda de una autodisciplina sostenible y efectiva.

Procrastinación como mecanismo de evasión ante el estrés

La procrastinación es, en gran medida, una respuesta evasiva al estrés. Cuando una tarea se percibe como demandante o difícil, la mente puede reaccionar posponiéndola en un intento de reducir la incomodidad asociada con ella. Aunque este retraso proporciona un alivio momentáneo, en realidad intensifica el estrés, ya que la tarea sigue pendiente y el tiempo para completarla se reduce. A medida que la presión aumenta, el estrés crece y la procrastinación se convierte en un mecanismo de autoprotección que, irónicamente, aumenta el malestar a largo plazo.

Este ciclo se vuelve particularmente dañino para la autodisciplina, ya que la procrastinación erosiona la confianza en la capacidad de actuar con determinación y de cumplir con los compromisos. A medida que se posponen las tareas importantes, la mente comienza a percibir la falta de progreso como un fracaso, lo cual disminuye la motivación y refuerza la idea de que la tarea es abrumadora o inalcanzable. Esto crea una espiral negativa que dificulta aún más el desarrollo de la autodisciplina.

Estrés, pérdida de motivación y el papel de la dopamina

El estrés y la procrastinación tienen un impacto directo en la motivación, y esta relación está mediada en gran parte por la dopamina, un neurotransmisor clave en el sistema de recompensa del cerebro. La dopamina es fundamental para la motivación, ya que está asociada con la anticipación de recompensas y el impulso para actuar. En situaciones normales, la dopamina ayuda a mantener el entusiasmo y la energía necesarios para avanzar en tareas que requieren esfuerzo sostenido. Sin embargo, cuando el estrés se convierte en una constante, los niveles de dopamina pueden disminuir, afectando la capacidad de sentir satisfacción al avanzar hacia una meta.

El estrés crónico reduce la efectividad del sistema de recompensa, lo cual hace que incluso los logros pequeños se perciban con indiferencia o insatisfacción. Esta falta de recompensa disminuye la motivación, ya que la mente no experimenta la satisfacción que debería generar el progreso hacia la meta. Sin una motivación clara, la autodisciplina se ve afectada y las tareas empiezan a percibirse como cargas en lugar de oportunidades de avance, lo cual fomenta aún más la procrastinación.

Los desencadenantes del estrés

El estrés tiene múltiples causas y, en el contexto de la autodisciplina, existen factores específicos que pueden actuar como desencadenantes. Estos desencadenantes varían de una persona a otra, pero a menudo se relacionan con presiones internas y externas que afectan la capacidad de mantener el enfoque y el compromiso en las metas personales. Identificar estos factores es fundamental para manejar el estrés de manera efectiva, evitar la acumulación de presión innecesaria y mantener una autodisciplina equilibrada y sostenible.

Para quienes buscan mejorar su autodisciplina, es importante reconocer los desencadenantes del estrés, ya que su influencia puede llevar al agotamiento, a la procrastinación y a una disminución de la motivación.

1. Expectativas y estándares de perfección

Uno de los desencadenantes de estrés más comunes para personas autodisciplinadas es la expectativa de perfección. Esta tendencia puede llevar a establecer estándares excesivamente altos y a buscar resultados impecables en cada tarea o proyecto. La búsqueda de perfección genera un estado de presión constante, en el cual cualquier error o desviación de la meta se percibe como un fracaso. Esta presión, lejos de motivar, aumenta la ansiedad y el miedo a cometer errores, afectando negativamente la capacidad de avanzar.

El perfeccionismo también hace que el proceso de trabajo se vuelva rígido y difícil de gestionar. Cuando la expectativa es cumplir con estándares inalcanzables, el enfoque se pierde en detalles innecesarios que pueden retrasar la finalización de

tareas importantes y aumentar la sensación de agotamiento.
Para manejar este desencadenante, es fundamental aprender a
establecer metas realistas y a aceptar que el progreso y la mejora
continua son más importantes que la perfección.

2. Sobrecarga de responsabilidades

Otro desencadenante significativo de estrés es la sobrecarga de
responsabilidades. En la búsqueda de cumplir con las metas y
de avanzar de manera autodisciplinada, es común asumir
demasiadas tareas o compromisos. Cuando el horario se llena
de múltiples responsabilidades, el tiempo para realizar cada
actividad se reduce, lo que genera presión y una sensación de
urgencia constante. Esta sobrecarga no solo disminuye la
calidad del trabajo, sino que también reduce el tiempo
disponible para descansar y recuperarse.

La sobrecarga de responsabilidades afecta la autodisciplina al
hacer que las tareas se acumulen, lo que puede generar un
estado de estrés que impacta en la motivación y en la capacidad
de concentración. Para evitar este desencadenante, es esencial
aprender a decir "no" a compromisos que no son prioritarios y a
establecer límites claros en cuanto a la cantidad de tareas que se
pueden asumir sin afectar la calidad de vida. Priorizar y delegar
cuando sea posible son prácticas clave para gestionar la
sobrecarga de manera efectiva.

3. Falta de tiempo y presión de plazos

La presión del tiempo es uno de los factores de estrés más
reconocidos en la gestión de la autodisciplina. Cuando los
plazos son cortos o las tareas se acumulan, la percepción de falta
de tiempo puede crear un estado de estrés elevado. En
situaciones de presión temporal, el cerebro entra en un estado
de alerta que, aunque inicialmente puede ser beneficioso, se

vuelve perjudicial si la presión se mantiene durante períodos prolongados. La falta de tiempo afecta la autodisciplina al dificultar la toma de decisiones y al fomentar una mentalidad de "supervivencia", en la cual la meta es completar las tareas a toda costa.

La presión de los plazos, si no se maneja adecuadamente, puede generar ansiedad, reducir la capacidad de concentración y llevar a la procrastinación. Para mitigar este desencadenante, es útil dividir las metas en pasos más pequeños y manejables, lo que permite mantener el progreso sin la necesidad de enfrentar toda la tarea de una sola vez. Además, establecer plazos realistas y practicar la planificación anticipada reduce la sensación de urgencia y ayuda a mantener un estado de calma y enfoque.

4. Falta de claridad en las metas y expectativas

La falta de claridad en las metas y expectativas es otro desencadenante de estrés común en el camino hacia la autodisciplina. Cuando no existe una visión clara de lo que se desea lograr, o cuando las expectativas no están bien definidas, la mente experimenta confusión y ansiedad. Esta falta de claridad puede hacer que el proceso de trabajo se vuelva errático y que el esfuerzo invertido no se sienta alineado con un propósito definido. Sin una dirección clara, el progreso parece incierto, lo que genera dudas y reduce la motivación.

Para evitar el estrés asociado con la falta de claridad, es importante definir las metas de manera específica y establecer un plan de acción detallado. Tener un propósito claro y una estructura organizada ayuda a reducir la incertidumbre y a fomentar una sensación de control sobre el proceso. Esta claridad no solo reduce el estrés, sino que también fortalece la autodisciplina al proporcionar una guía constante para el progreso.

5. Comparación con los logros de los demás

La comparación social es otro desencadenante de estrés que puede afectar la autodisciplina. Compararse con los logros, el éxito o el progreso de los demás puede generar sentimientos de inferioridad, frustración y presión para alcanzar un estándar que tal vez no sea realista o relevante para nuestras propias metas. Esta comparación, que se ha vuelto más común en la era de las redes sociales, puede hacer que las personas sientan que no están avanzando lo suficiente o que su esfuerzo es insuficiente.

La comparación social afecta la autodisciplina al desviar el enfoque de las metas personales hacia las expectativas externas. En lugar de trabajar con un sentido de propósito propio, las personas comienzan a medir su éxito en función de estándares ajenos, lo cual genera estrés y afecta la motivación. Para manejar este desencadenante, es fundamental concentrarse en el progreso propio y en el crecimiento personal, en lugar de comparar los logros con los de los demás. Al enfocarse en el avance individual, es posible reducir el estrés y fortalecer la autodisciplina de manera genuina y satisfactoria.

6. Falta de descanso y autocuidado

La falta de descanso y la ausencia de prácticas de autocuidado son desencadenantes importantes de estrés en personas autodisciplinadas. Al trabajar de manera constante sin dedicar tiempo al descanso, el cuerpo y la mente no tienen la oportunidad de recuperarse. La falta de sueño, el agotamiento físico y la ausencia de momentos de relajación aumentan los niveles de cortisol y reducen la capacidad de concentración, lo que afecta la productividad y la motivación.

El autocuidado es fundamental para mantener la autodisciplina de manera sostenible. Sin prácticas regulares de descanso y relajación, el cuerpo acumula tensión y el estrés se vuelve crónico. Incorporar hábitos de autocuidado, como el ejercicio, la meditación o el disfrute de actividades recreativas, ayuda a reducir el estrés y permite que la autodisciplina se mantenga en un estado de equilibrio. El descanso es un componente esencial de la productividad, y su ausencia es una de las principales causas de agotamiento y pérdida de motivación.

7. Miedo al fracaso y aversión al riesgo

El miedo al fracaso es un desencadenante de estrés que afecta la autodisciplina de manera significativa. Cuando existe una preocupación constante por cometer errores o por no alcanzar las metas, el estrés aumenta y se hace más difícil tomar decisiones y actuar con confianza. Esta aversión al riesgo puede llevar a la parálisis por análisis, en la cual el miedo al fracaso impide avanzar, lo que a su vez fomenta la procrastinación.

El miedo al fracaso afecta la autodisciplina al reducir la confianza en las propias habilidades y al generar dudas constantes. Para manejar este desencadenante, es importante desarrollar una mentalidad de crecimiento, en la cual el fracaso se perciba como una oportunidad de aprendizaje. Al aceptar que el progreso implica ciertos riesgos y que los errores son parte del proceso, es posible reducir el miedo y avanzar con una actitud de resiliencia y motivación.

La autoconciencia en el manejo del estrés

La autoconciencia es la capacidad de observar y comprender nuestros propios pensamientos, emociones y reacciones físicas en tiempo real. En el contexto del manejo del estrés, la autoconciencia es una habilidad esencial, ya que nos permite reconocer cuándo y cómo el estrés está afectando nuestro cuerpo y mente. Esta conciencia es el primer paso para gestionar el estrés de manera efectiva y evitar que se convierta en un obstáculo para la autodisciplina y el logro de metas.

La autoconciencia en el manejo del estrés es fundamental para quienes buscan mantener una autodisciplina equilibrada. Comprender nuestras respuestas al estrés y reconocer sus señales nos permite tomar decisiones proactivas para reducir su impacto.

La importancia de la autoconciencia en el manejo del estrés

El estrés es una respuesta natural que, en pequeñas dosis, puede ser beneficioso al impulsar la motivación y el rendimiento. Sin embargo, cuando el estrés se acumula sin que seamos plenamente conscientes de su efecto, puede generar agotamiento, ansiedad y una disminución en la capacidad de mantener la autodisciplina. La autoconciencia es la herramienta que nos permite observar el estrés antes de que se vuelva abrumador, lo cual nos brinda la oportunidad de actuar de manera preventiva y evitar el desgaste.

Ser consciente de nuestras reacciones ante el estrés nos permite identificar los desencadenantes y las respuestas físicas y emocionales que generan incomodidad. Esta capacidad de observación interna es esencial para reconocer cuándo necesitamos tomar un descanso, reevaluar nuestras prioridades o practicar técnicas de relajación. La autoconciencia nos ayuda a mantenernos en un estado de equilibrio, donde el esfuerzo y el autocuidado pueden coexistir en armonía.

La autoconciencia también nos permite ver el estrés desde una perspectiva objetiva, en lugar de reaccionar de manera automática. Esta distancia mental nos da el control necesario para responder al estrés con estrategias efectivas y nos permite tomar decisiones alineadas con nuestras metas, en lugar de dejar que el estrés nos lleve a la impulsividad o la procrastinación. En última instancia, la autoconciencia en el manejo del estrés fortalece la autodisciplina, ya que nos permite actuar con claridad y mantener el enfoque en nuestras prioridades.

Estrategias para desarrollar la autoconciencia en el manejo del estrés

1. Práctica de la atención plena o mindfulness

El mindfulness es una práctica que entrena la mente para concentrarse en el momento presente y observar los pensamientos, emociones y sensaciones sin juzgarlos. Esta técnica es especialmente útil para desarrollar la autoconciencia en el manejo del estrés, ya que permite reconocer los signos tempranos de tensión y observar las reacciones al estrés con claridad. Al practicar el mindfulness, aprendemos a identificar el estrés en sus etapas iniciales, lo cual nos permite tomar medidas para reducirlo antes de que se intensifique.

Dedicar unos minutos al día a la práctica de mindfulness, como la meditación de respiración o la observación de pensamientos, ayuda a mejorar la capacidad de notar cómo el estrés afecta la mente y el cuerpo. Esta práctica regular fortalece la autoconciencia y facilita el manejo del estrés, ya que nos permite responder con calma y claridad en lugar de reaccionar impulsivamente.

2. Escaneo corporal y reconocimiento de sensaciones físicas

El estrés se manifiesta en el cuerpo a través de síntomas físicos como la tensión muscular, el dolor de cabeza, el aumento de la frecuencia cardíaca o el malestar estomacal. La técnica de escaneo corporal consiste en prestar atención a las sensaciones físicas, recorriendo mentalmente cada parte del cuerpo en busca de signos de tensión o incomodidad. Esta práctica ayuda a identificar las áreas donde el estrés se acumula y permite tomar medidas para aliviar la tensión física.

Al dedicar unos minutos al escaneo corporal, es posible detectar cuándo el cuerpo está reaccionando al estrés y cuándo necesita un descanso. Esta práctica mejora la autoconciencia física y nos permite ajustar nuestras actividades o incorporar técnicas de relajación, como ejercicios de respiración o estiramientos, para reducir el estrés y restaurar el equilibrio.

3. Diario de estrés para identificar patrones y desencadenantes

Llevar un diario de estrés es una técnica eficaz para desarrollar la autoconciencia en el manejo del estrés. Al registrar los momentos de estrés, los pensamientos y las emociones asociadas, es posible identificar patrones y desencadenantes recurrentes. Esta práctica de autoobservación permite ver con claridad qué situaciones generan mayor estrés y cómo reaccionamos a ellas, lo cual es fundamental para desarrollar estrategias de manejo personalizadas.

El diario de estrés también es una herramienta útil para reflexionar sobre las respuestas emocionales y físicas en diferentes contextos. Al analizar estas experiencias, es posible mejorar la capacidad de reconocer el estrés en el momento en que aparece y aprender a responder de manera consciente. Esta práctica ayuda a mantener la autodisciplina al permitirnos tomar decisiones informadas y ajustar nuestro enfoque para reducir el estrés en situaciones futuras.

4. Establecimiento de "pausas de conciencia" durante el día

Incorporar pausas de conciencia a lo largo del día es una forma de desarrollar la autoconciencia de manera sencilla y efectiva. Estas pausas consisten en detenerse por unos minutos para observar el estado mental y físico, preguntándose cómo se siente el cuerpo y la mente en ese momento. Estas pequeñas evaluaciones nos ayudan a reconocer cualquier signo de estrés acumulado y a tomar medidas para aliviarlo antes de que se convierta en un obstáculo.

Las pausas de conciencia también nos permiten reajustar el enfoque y recordar nuestras prioridades, lo cual es esencial para la autodisciplina. Durante estas pausas, se pueden practicar ejercicios de respiración, estiramientos o simplemente unos minutos de descanso, lo cual contribuye a mantener la motivación y el bienestar a lo largo de la jornada.

5. Autoevaluación emocional y práctica de la autoaceptación

La autoconciencia emocional es una parte esencial del manejo del estrés. Aprender a reconocer y aceptar las emociones asociadas al estrés, como la frustración, la ansiedad o el cansancio, permite abordarlas de manera saludable en lugar de ignorarlas o reprimirlas. Esta práctica de autoevaluación emocional ayuda a evitar que el estrés se acumule y nos permite responder a nuestras necesidades emocionales de manera efectiva.

Practicar la autoaceptación implica reconocer las emociones sin juzgarlas ni verlas como debilidades. Aceptar que el estrés y las emociones difíciles son parte del proceso permite abordar la situación con compasión y amabilidad hacia uno mismo. Esta actitud fortalece la autoconciencia y reduce la carga emocional del estrés, permitiéndonos mantener la autodisciplina sin caer en la autocrítica o el perfeccionismo.

La autoconciencia como base de la autodisciplina equilibrada

La autoconciencia en el manejo del estrés no solo nos ayuda a reducir la presión, sino que también fortalece nuestra capacidad de autodisciplina. Al reconocer cuándo y cómo el estrés afecta nuestra mente y cuerpo, tenemos el poder de tomar decisiones conscientes para ajustarnos a nuestras metas sin sacrificar el bienestar. La autoconciencia nos permite actuar de manera estratégica, y nos ayuda a evitar el agotamiento y a mantener la motivación en el camino hacia nuestros objetivos.

La autodisciplina no significa ignorar el estrés, sino aprender a gestionarlo de manera efectiva. La autoconciencia nos ofrece la claridad para entender nuestras propias respuestas, reconocer los momentos en los que necesitamos hacer una pausa y mantener una perspectiva equilibrada. Esta habilidad no solo mejora la productividad, sino que también fomenta una relación saludable con el trabajo y el desarrollo personal.

Cómo el estrés reduce la motivación

La relación entre el estrés y la motivación es compleja y, a menudo, contradictoria. En pequeñas dosis, el estrés puede actuar como un impulso que ayuda a aumentar el enfoque y la energía para enfrentar tareas exigentes. Sin embargo, cuando el estrés se vuelve constante o abrumador, sus efectos en la mente y el cuerpo pueden erosionar la motivación y dificultar el avance hacia nuestras metas. Para quienes intentan mantener una autodisciplina constante, entender cómo el estrés reduce la motivación es crucial para tomar medidas preventivas y preservar el compromiso con sus objetivos.

El estrés prolongado tiene efectos profundos en el cerebro, en especial en las áreas responsables de la motivación, el control emocional y el sistema de recompensa. Cuando el estrés se vuelve crónico, estas áreas comienzan a funcionar de manera menos eficiente, y lo que alguna vez fue un objetivo inspirador puede transformarse en una carga. A continuación, analizaremos cómo el estrés afecta la motivación y qué podemos hacer para contrarrestar estos efectos y mantener la autodisciplina.

El impacto del estrés en el sistema de recompensa y la dopamina

La dopamina es un neurotransmisor fundamental para la motivación, ya que activa el sistema de recompensa del cerebro y genera una sensación de satisfacción al avanzar hacia nuestras metas. Cuando realizamos una tarea significativa o alcanzamos un logro, la liberación de dopamina nos proporciona un sentimiento de satisfacción que refuerza nuestro deseo de continuar. Este circuito de recompensa es esencial para mantener el entusiasmo y el compromiso con nuestras metas a largo plazo.

Sin embargo, el estrés crónico afecta negativamente el sistema de recompensa y los niveles de dopamina. Cuando el cerebro está sometido a un estado de estrés constante, los niveles de cortisol aumentan, lo cual reduce la eficacia del sistema de dopamina. Como resultado, las tareas que antes eran motivadoras y satisfactorias empiezan a perder su atractivo. Esta disminución en la respuesta de recompensa afecta la motivación, ya que la mente ya no experimenta el mismo nivel de satisfacción al avanzar en las metas. El esfuerzo comienza a sentirse como una obligación en lugar de una elección significativa.

Con el tiempo, el agotamiento de dopamina en el cerebro hace que incluso las tareas relacionadas con metas importantes pierdan su valor subjetivo. Sin la motivación generada por el sistema de recompensa, mantener la autodisciplina se vuelve más difícil, ya que el cerebro busca evitar el esfuerzo en lugar de recompensarlo. Esta falta de motivación puede llevar a la procrastinación y a una sensación de frustración, generando un ciclo en el cual el estrés aumenta y la motivación disminuye aún más.

La influencia del estrés en la toma de decisiones y el autocontrol

El estrés también afecta la capacidad de tomar decisiones y de mantener el autocontrol, dos factores que son clave para la motivación y la autodisciplina. La corteza prefrontal, la región del cerebro responsable de la planificación, la toma de decisiones y el control de impulsos, se ve afectada negativamente por el cortisol en situaciones de estrés prolongado. Bajo estrés, el flujo de sangre y energía se desvía hacia las áreas del cerebro responsables de la respuesta de "lucha o huida", lo que limita la capacidad de la corteza prefrontal para tomar decisiones reflexivas y orientadas a objetivos a largo plazo.

Esta alteración en la función cerebral afecta la motivación de varias maneras. En primer lugar, reduce la capacidad de resistir la gratificación inmediata, lo cual dificulta priorizar las metas a largo plazo. Sin un autocontrol adecuado, es más probable que el estrés lleve a comportamientos impulsivos, como postergar las tareas difíciles en favor de distracciones inmediatas que proporcionan alivio momentáneo. Además, al dificultar la toma de decisiones estratégicas, el estrés aumenta la probabilidad de sentirnos indecisos o abrumados, lo cual erosiona aún más la motivación y genera una sensación de falta de control.

La reducción de la motivación y la "fatiga por decisión"

La "fatiga por decisión" es un fenómeno en el cual la capacidad para tomar decisiones se reduce a medida que enfrentamos situaciones estresantes o complejas. Cuando estamos bajo presión, cada decisión requiere un esfuerzo mental adicional, lo cual disminuye nuestra energía mental y afecta la motivación. La fatiga por decisión es especialmente común cuando las personas intentan mantener una autodisciplina rigurosa sin descansos adecuados. A medida que el cerebro se agota en el proceso de tomar decisiones repetitivas o en situaciones de alta presión, la motivación para seguir adelante disminuye.

Este agotamiento mental también se ve influido por el estrés, ya que el cerebro tiende a priorizar las decisiones que proporcionan un alivio inmediato en lugar de aquellas que requieren esfuerzo a largo plazo. La fatiga por decisión nos lleva a evitar tareas que percibimos como difíciles o demandantes, lo cual se convierte en una barrera para la autodisciplina. En lugar de tomar decisiones alineadas con nuestras metas, el estrés y la fatiga nos impulsan a buscar una "salida fácil" que permita escapar de la presión temporalmente, lo cual reduce la motivación para mantener el compromiso con los objetivos a largo plazo.

Estrés y percepción de las metas como cargas

El estrés no solo afecta el cerebro a nivel químico, sino que también cambia nuestra percepción de las metas. Cuando el estrés se vuelve crónico, las tareas y objetivos que alguna vez fueron inspiradores y motivadores comienzan a percibirse como cargas pesadas. Esto se debe a que el cerebro, bajo estrés, asocia las metas con el esfuerzo y la incomodidad, en lugar de con la satisfacción y el logro. Esta percepción cambia la relación que tenemos con nuestras metas y reduce la motivación, ya que el proceso de trabajar hacia ellas comienza a parecer agotador en lugar de gratificante.

Cuando las metas se perciben como cargas, es difícil mantener la autodisciplina. En lugar de avanzar con entusiasmo, el esfuerzo constante genera una sensación de agotamiento y frustración. Esta visión negativa de las metas afecta el nivel de compromiso y aumenta la probabilidad de abandonar las tareas o de procrastinar, ya que la mente tiende a evitar situaciones que asocia con incomodidad. Para contrarrestar este efecto, es importante aprender a manejar el estrés de manera que la percepción de las metas siga siendo positiva y motivadora.

Estrategias para mantener la motivación bajo estrés

- **Practicar técnicas de regulación emocional**: Para mitigar el impacto del estrés en la motivación, es importante practicar técnicas que permitan regular las emociones, como la respiración profunda, la meditación o el mindfulness. Estas prácticas reducen la actividad de la amígdala y aumentan la capacidad de la corteza prefrontal para tomar decisiones orientadas a metas. Al reducir la respuesta de estrés, es posible recuperar la motivación y el autocontrol, lo cual facilita la autodisciplina.
- **Reevaluar la percepción de las metas**: Cuando el estrés afecta la percepción de las metas, es útil tomarse un tiempo para reflexionar sobre su valor y propósito. Recordar por qué las metas son importantes y visualizar el impacto positivo que tendrán puede ayudar a restaurar la motivación. Esta práctica de reevaluación permite cambiar la percepción de las metas, de modo que vuelvan a verse como logros significativos en lugar de cargas.

- **Incorporar descansos regulares para evitar la fatiga**: La fatiga mental y la falta de descanso afectan la motivación y dificultan el mantenimiento de la autodisciplina. Incorporar descansos regulares a lo largo del día permite que el cerebro se recupere y reduce la fatiga por decisión. Estos momentos de descanso no solo disminuyen el estrés, sino que también restauran la energía mental y facilitan el regreso a las tareas con mayor motivación y enfoque.

- **Aplicar el enfoque de "acción mínima"**: Cuando el estrés afecta la motivación y la mente tiende a procrastinar, aplicar un enfoque de "acción mínima" puede ayudar a reducir la resistencia inicial. Esta técnica consiste en comprometerse a realizar solo la primera etapa de una tarea, como dedicar cinco minutos a iniciarla. Este pequeño paso ayuda a superar la barrera del estrés y a generar impulso para avanzar, lo cual aumenta la motivación y facilita el progreso.

Cómo la planificación efectiva disminuye el estrés

La planificación efectiva es una herramienta poderosa para reducir el estrés y para mejorar la autodisciplina, ya que permite organizar las tareas y los recursos de manera que se pueda avanzar de forma clara y ordenada hacia las metas. Sin una planificación adecuada, es fácil sentirse abrumado por la carga de responsabilidades y la falta de estructura, lo cual aumenta el estrés y dificulta el progreso. Al establecer un plan detallado, puedes tener una visión clara de lo que necesitas hacer, en qué orden y en cuánto tiempo, lo cual reduce la ansiedad y mejora la motivación.

Cuando se trata de autodisciplina, la planificación efectiva permite desglosar grandes metas en tareas manejables y crear un cronograma realista que evite el agotamiento. A través de una planificación bien estructurada, puedes evitar la acumulación de tareas, la improvisación y el miedo a los imprevistos, que son factores que suelen aumentar el estrés.

La planificación efectiva reduce la incertidumbre y la sobrecarga mental

Uno de los principales factores que contribuyen al estrés es la incertidumbre. Cuando no sabemos qué esperar o no tenemos un plan claro, la mente se llena de preocupaciones y de pensamientos sobre posibles problemas. Esta falta de claridad afecta el enfoque y hace que el cerebro mantenga un estado de alerta constante, generando ansiedad y dificultando la concentración. La planificación efectiva, al proporcionar una estructura clara y previsible, elimina esta incertidumbre y da una sensación de control sobre el proceso.

La planificación permite visualizar las tareas, los plazos y los pasos necesarios para completar cada proyecto. Este proceso de organización reduce la sobrecarga mental, ya que la mente no necesita recordar constantemente todas las responsabilidades o preocuparse por posibles olvidos. Al plasmar las tareas en un plan o calendario, el cerebro se libera de la carga de recordar cada detalle, lo cual reduce el estrés y permite concentrarse en la tarea actual sin distracciones. Este enfoque organizado disminuye la ansiedad y mejora la capacidad de trabajar de manera constante y tranquila.

La planificación efectiva permite establecer prioridades y evitar la sobrecarga

El estrés también surge cuando intentamos asumir demasiadas tareas sin una priorización clara. En la búsqueda de mantener la autodisciplina y de avanzar en múltiples proyectos, es fácil sobrecargarse y perder el enfoque en lo que realmente importa.

La planificación efectiva permite evaluar todas las tareas y decidir cuáles son las más importantes y cuáles pueden posponerse o delegarse. Esta priorización evita la acumulación de tareas y permite dedicar el tiempo y la energía a las actividades que tienen un mayor impacto en las metas.

Al establecer prioridades, la planificación ayuda a evitar la presión de intentar hacer todo al mismo tiempo. En lugar de sentir que todas las responsabilidades son urgentes, puedes enfocarte en las tareas prioritarias y abordar las demás en un orden lógico. Este enfoque disminuye el estrés al evitar la sensación de agobio y facilita el progreso de manera estructurada y manejable. Saber que se está trabajando en lo que realmente importa refuerza la autodisciplina y reduce la ansiedad, ya que cada tarea tiene un propósito claro y específico.

La planificación proporciona tiempos de descanso y evita el agotamiento

El agotamiento y la falta de descanso son grandes generadores de estrés, especialmente cuando se intenta mantener una autodisciplina constante. Una planificación efectiva incluye tiempos de descanso estratégicos que permiten al cuerpo y la mente recuperarse entre tareas. Al programar descansos regulares, la planificación evita el agotamiento y el estrés que resultan de trabajar sin pausas. Estos descansos no solo reducen el estrés, sino que también mejoran la capacidad de concentración y motivación al regresar a las tareas.

Los tiempos de descanso programados son fundamentales para evitar el síndrome del agotamiento, ya que permiten restaurar la energía y la claridad mental. Una planificación efectiva incluye estos intervalos como parte del proceso de trabajo, reconociendo que el descanso es esencial para la productividad y el bienestar.

Al saber que el descanso está programado, es más fácil trabajar con enfoque y sin sentir que el esfuerzo es interminable, lo cual disminuye el estrés y permite mantener una autodisciplina equilibrada.

La planificación ayuda a gestionar imprevistos y a reducir el estrés ante cambios

El estrés también puede surgir de los imprevistos y de la sensación de que no se está preparado para enfrentar situaciones inesperadas. La planificación efectiva, al considerar posibles obstáculos y preparar alternativas, permite manejar estos imprevistos sin que generen ansiedad. Aunque no es posible anticipar todos los problemas, una planificación flexible incluye márgenes de tiempo o ajustes que permiten adaptarse sin perder el control.

La planificación ayuda a crear una "red de seguridad" en la cual, si surge algún contratiempo, existen opciones claras para ajustar el plan sin que el progreso se vea gravemente afectado. Esta capacidad de adaptación reduce el estrés, ya que se elimina el miedo a que los cambios puedan desestabilizar todo el proceso. Al estar preparado para posibles eventualidades, la mente experimenta una mayor calma y confianza, lo cual fortalece la autodisciplina y reduce la presión ante los desafíos.

Cómo convertir el estrés en un motor de motivación

El estrés no siempre tiene que ser un obstáculo; de hecho, en dosis adecuadas, puede actuar como un poderoso motor de motivación y ayudarnos a alcanzar nuestras metas con mayor impulso y determinación. La clave para convertir el estrés en un aliado está en aprender a canalizarlo de manera que se vuelva un estímulo para la acción y no una barrera que nos detenga. Al transformar el estrés en una fuente de energía positiva, podemos aprovechar su potencial para mantenernos motivados y enfocados, en lugar de que nos paralice o desgaste.

El estrés, cuando se maneja adecuadamente, nos ayuda a agudizar el enfoque, a aumentar la energía y a desarrollar una mayor capacidad de resiliencia ante los desafíos. Convertir el estrés en un motor de motivación implica cambiar nuestra percepción de este, adoptar una mentalidad de crecimiento y aplicar estrategias prácticas que nos permitan usarlo para avanzar en lugar de retroceder.

Cambia la percepción del estrés: De amenaza a desafío

El primer paso para convertir el estrés en un motor de motivación es cambiar la manera en que lo percibimos. Habitualmente, el estrés se percibe como una amenaza, una situación que debemos evitar o reducir para sentirnos cómodos. Sin embargo, cuando vemos el estrés como una señal de desafío, nuestra respuesta emocional y física cambia. En lugar de interpretar el estrés como un peligro, podemos verlo como una oportunidad para probar nuestras habilidades y para superar nuestras propias limitaciones.

Esta mentalidad de crecimiento permite que el estrés active la motivación y el enfoque, en lugar de la ansiedad o el miedo. Ver el estrés como un desafío transforma el sentimiento de presión en una energía positiva que podemos utilizar para prepararnos y actuar con determinación. Cuando enfrentamos el estrés con esta perspectiva, el cerebro libera neurotransmisores que fortalecen la concentración y aumentan la disposición para enfrentar el reto. Este cambio de percepción es clave para utilizar el estrés como un impulso en lugar de un impedimento.

Establece metas claras y utiliza el estrés como guía

El estrés puede convertirse en un aliado cuando lo usamos como una señal para revisar nuestras metas y asegurarnos de que estamos enfocados en lo que realmente importa. Al experimentar estrés ante una tarea o proyecto, pregúntate si la actividad está alineada con tus objetivos y valores personales. Esta reflexión te permitirá ajustar tus prioridades y centrar tus esfuerzos en aquellas actividades que tienen un impacto significativo en tus metas.

Al establecer metas claras, el estrés se convierte en una señal que indica dónde concentrar tus esfuerzos. En lugar de sentirte abrumado por todas las responsabilidades, puedes canalizar la energía del estrés en las tareas que te acercan a tus objetivos, lo cual aumenta la motivación y el sentido de propósito. Esta alineación entre metas y esfuerzo ayuda a reducir el estrés negativo y permite aprovechar el impulso que genera el estrés positivo o eustrés, el cual es altamente motivador y beneficioso.

Utiliza el estrés para mejorar la organización y la eficiencia

El estrés, cuando se percibe como una alerta, nos indica que necesitamos mejorar la forma en que organizamos nuestras tareas. Este estrés saludable puede ser el impulso necesario para revisar nuestros métodos de trabajo, identificar áreas de mejora y crear un sistema más efectivo de gestión del tiempo. En lugar de dejar que el estrés se convierta en ansiedad, úsalo como una oportunidad para optimizar tu organización y aumentar la eficiencia.

La presión de una fecha límite o una responsabilidad importante, por ejemplo, puede ser un incentivo para desarrollar habilidades de planificación, priorización y toma de decisiones. Este enfoque práctico permite aprovechar el estrés como un motivador que fortalece la autodisciplina y nos ayuda a trabajar de manera más organizada y estructurada. Al responder al estrés de esta manera, no solo logramos completar las tareas a tiempo, sino que también desarrollamos una mayor confianza en nuestra capacidad de gestionar desafíos, lo cual aumenta la motivación y el compromiso.

Aprende a regular la intensidad del estrés

Para que el estrés sea un motor de motivación y no un factor que agote, es importante aprender a regular su intensidad. El estrés excesivo puede ser abrumador y perjudicial, pero un nivel moderado de estrés, conocido como "estrés óptimo", es ideal para maximizar el rendimiento. Este estrés óptimo permite que estemos alerta y enfocados sin sentirnos desbordados.

Para mantener el estrés en un nivel motivador, es útil alternar períodos de trabajo intensivo con pausas de descanso y autocuidado. Esta estrategia permite que el cuerpo y la mente recuperen energía y evita que el estrés se acumule al punto de volverse negativo. Al regular la intensidad del estrés, podemos mantenernos motivados sin caer en el agotamiento, lo cual fortalece la autodisciplina y nos permite avanzar en nuestras metas de manera equilibrada y sostenible.

Usa el estrés como una herramienta de crecimiento personal

El estrés también puede ser una oportunidad para fortalecer la resiliencia y desarrollar habilidades de afrontamiento que nos serán útiles en cualquier aspecto de la vida. Al enfrentar y superar situaciones estresantes, adquirimos una mayor capacidad para lidiar con desafíos futuros y aprendemos a mantener la calma en momentos de presión. Esta habilidad de resiliencia es fundamental para la autodisciplina, ya que permite mantener el compromiso con nuestras metas, incluso cuando las circunstancias son difíciles.

Cada vez que enfrentamos el estrés con una actitud positiva, aumentamos nuestra tolerancia a la presión y nuestra capacidad para permanecer motivados. Esta adaptación progresiva convierte al estrés en una herramienta de crecimiento personal que fortalece la confianza en nosotros mismos y nos permite abordar nuevos desafíos con entusiasmo y determinación. Con el tiempo, el estrés deja de ser un obstáculo y se convierte en una señal de que estamos creciendo y desarrollando habilidades valiosas.

Practica la autoconfianza: Recuérdate que eres capaz de manejar el estrés

La autoconfianza juega un papel esencial en la transformación del estrés en motivación. Cuando confiamos en nuestra capacidad de enfrentar desafíos, el estrés se convierte en una señal de acción en lugar de un motivo de preocupación. La autoconfianza nos permite ver el estrés como una parte natural del proceso de logro y como una oportunidad para demostrar nuestra habilidad para manejar situaciones demandantes.

Recordar logros pasados y experiencias en las que hemos superado el estrés nos ayuda a reforzar la autoconfianza. Esta práctica mental nos permite abordar nuevas situaciones de estrés con una mentalidad positiva y proactiva, lo cual aumenta la motivación y reduce el miedo al fracaso. Cada vez que enfrentamos el estrés con autoconfianza, fortalecemos nuestra autodisciplina y nuestra capacidad de trabajar hacia nuestras metas sin dejar que la presión nos detenga.

Estrategias para convertir el estrés en motivación

- **Practica la visualización de los logros**: La visualización es una técnica que nos permite imaginar el éxito en una tarea o meta, lo cual aumenta la motivación y nos ayuda a ver el estrés como una herramienta para lograr el objetivo. Al visualizar el éxito, el estrés se convierte en una energía que impulsa hacia la meta en lugar de un factor que genera dudas o preocupación.

- **Establece recompensas pequeñas para cada logro**: Recompensarte por cada paso alcanzado permite transformar el estrés en satisfacción. Estas recompensas, por pequeñas que sean, proporcionan un alivio al estrés y refuerzan el sistema de recompensa del cerebro, lo cual incrementa la motivación. Al asociar el progreso con recompensas, el estrés se percibe como una parte positiva del proceso.

- **Adopta una mentalidad de aprendizaje**: Ver cada situación estresante como una oportunidad de aprendizaje permite reducir la percepción de amenaza y transformar el estrés en curiosidad y motivación. Esta mentalidad de aprendizaje hace que cada desafío sea una experiencia enriquecedora, lo cual reduce el estrés y aumenta la satisfacción al avanzar.

- **Desarrolla rituales de preparación**: Los rituales de preparación, como realizar ejercicios de respiración o practicar afirmaciones positivas antes de enfrentar una tarea estresante, ayudan a regular el estrés y a convertirlo en energía motivadora. Estos rituales permiten calmar la mente y centrar la atención, lo cual aumenta la disposición para actuar con confianza y enfoque.

- **Redefine tus metas en términos de progreso, no de perfección**: Cuando el estrés está relacionado con la perfección, es más fácil que se convierta en una barrera. Al redefinir las metas en términos de progreso, el estrés se percibe como una herramienta que ayuda a mejorar continuamente en lugar de una medida de éxito o fracaso. Este enfoque permite usar el estrés para motivarse y avanzar sin la presión de la perfección.

Técnicas de reencuadre mental

El reencuadre mental es una técnica que permite reinterpretar una situación, pensamiento o emoción de una manera más positiva y útil. Cuando se trata de manejar el estrés, el reencuadre mental es una herramienta poderosa para transformar pensamientos negativos y limitantes en oportunidades de aprendizaje y crecimiento. Este cambio de perspectiva no solo reduce el estrés, sino que también ayuda a mantener la motivación y la autodisciplina.

La capacidad de reencuadrar una situación estresante permite que el cerebro vea los desafíos desde una óptica diferente, eliminando la percepción de amenaza y convirtiendo el estrés en una fuente de impulso. Esta técnica es especialmente útil para aquellos que buscan construir una autodisciplina sostenible, ya que ayuda a enfrentar los obstáculos con resiliencia y a mantener una mentalidad constructiva incluso en momentos de presión.

Ahora te explicaré varias técnicas de reencuadre mental que permiten reducir el impacto del estrés y mantener la autodisciplina en el camino hacia el logro de metas.

1. Cambia el "tengo que" por el "quiero"

Una de las maneras más sencillas de reencuadrar mentalmente una situación estresante es modificar la forma en que pensamos acerca de nuestras tareas y responsabilidades. Con frecuencia, el estrés surge cuando sentimos que "tenemos que" hacer algo, lo cual genera una sensación de obligación y peso. Al cambiar esta expresión por "quiero", transformamos la tarea en una elección personal y voluntaria, lo que reduce la presión y aumenta la motivación.

Por ejemplo, en lugar de pensar "tengo que trabajar en este proyecto", puedes reencuadrarlo como "quiero trabajar en este proyecto porque me acerca a mis metas". Este pequeño ajuste cambia la percepción de la tarea y nos ayuda a sentirnos más comprometidos y motivados, en lugar de sentirnos forzados. Esta técnica de reencuadre mental reduce el estrés porque nos recuerda que las tareas que realizamos están alineadas con nuestros objetivos personales y valores, lo cual fortalece la autodisciplina y la satisfacción.

2. Enfócate en lo que puedes controlar

El estrés a menudo aumenta cuando nos preocupamos por factores externos o situaciones fuera de nuestro control. En estos casos, el reencuadre mental implica concentrarse en los aspectos de la situación sobre los cuales sí tenemos influencia. Este cambio de enfoque reduce la ansiedad y permite que la mente se concentre en acciones específicas en lugar de en preocupaciones vagas.

Por ejemplo, si estás preocupado por el resultado de un proyecto, en lugar de enfocarte en el resultado final (que puede depender de factores externos), puedes reencuadrar tu enfoque hacia las acciones concretas que puedes tomar para dar lo mejor de ti. Al centrarte en lo que puedes controlar, reduces el estrés y fortaleces tu sentido de autoeficacia, lo cual mejora la motivación y te permite avanzar con confianza.

3. Reinterpreta los errores como oportunidades de aprendizaje

El miedo al fracaso es una de las principales causas de estrés en quienes buscan mantener una autodisciplina rigurosa. Sin embargo, una de las técnicas de reencuadre mental más efectivas es ver los errores como oportunidades de aprendizaje en lugar de fracasos. Al cambiar la perspectiva sobre los errores, se reduce el miedo y el estrés asociados con la posibilidad de equivocarse.

Este reencuadre permite abordar cada error con una actitud constructiva y orientada al crecimiento. En lugar de pensar "he fracasado en esta tarea", puedes decirte "he aprendido algo importante para mejorar en la próxima ocasión". Este cambio de perspectiva elimina la carga emocional negativa del error y permite que el estrés se convierta en una motivación para mejorar. Al interpretar cada obstáculo como una lección, fortaleces tu resiliencia y mantienes la motivación para seguir avanzando.

4. Ve los desafíos como una señal de progreso

El reencuadre mental también implica ver los desafíos y las dificultades como una señal de que estás avanzando hacia tus metas. En lugar de ver los obstáculos como algo negativo, puedes interpretarlos como una señal de que estás saliendo de tu zona de confort y enfrentando situaciones que te harán crecer. Este cambio de percepción permite que el estrés, en lugar de desmotivarte, te impulse a esforzarte y a mantener la disciplina.

Por ejemplo, si estás enfrentando dificultades en un nuevo proyecto, en lugar de pensar "esto es demasiado complicado", puedes reencuadrarlo a "este desafío significa que estoy creciendo y avanzando en mis habilidades". Esta interpretación positiva del desafío te ayuda a mantener el compromiso con tus metas y a ver el esfuerzo como una inversión en tu desarrollo personal. Este enfoque reduce el estrés, ya que cada dificultad se convierte en una prueba de tu progreso y capacidad de superación.

5. Practica la gratitud en situaciones de estrés

La gratitud es una herramienta de reencuadre mental que permite ver lo positivo incluso en situaciones estresantes. Cuando sientes estrés por una responsabilidad o una tarea difícil, puedes practicar la gratitud reconociendo las oportunidades y los recursos que tienes para enfrentar ese reto. Este cambio de perspectiva reduce la carga emocional del estrés y te permite ver la situación desde una posición de abundancia en lugar de escasez.

Por ejemplo, en lugar de pensar "estoy demasiado ocupado con esta tarea", puedes cambiar el enfoque a "me siento agradecido por tener la oportunidad de trabajar en algo importante y de contar con las habilidades para hacerlo". La práctica de la gratitud cambia la percepción de la situación y transforma el estrés en una emoción positiva, ya que nos recuerda que cada desafío es una oportunidad de crecimiento y de realización personal.

6. Adopta una mentalidad de "esto también pasará"

Una técnica de reencuadre mental útil en momentos de estrés intenso es recordar que ninguna situación es permanente. Al recordar que el estrés y la presión son temporales, es más fácil mantener la calma y reducir la ansiedad. Este reencuadre mental nos permite ver el estrés como una fase pasajera y nos ayuda a concentrarnos en lo que podemos hacer en el momento sin sentirnos abrumados.

Pensar "esto también pasará" no solo reduce el estrés, sino que también nos permite mantener la perspectiva a largo plazo, lo cual es esencial para la autodisciplina. Al ver cada situación como una etapa que eventualmente terminará, podemos trabajar con más serenidad y compromiso, sabiendo que nuestros esfuerzos darán frutos en el futuro. Esta mentalidad de temporalidad fortalece la resiliencia y permite afrontar los momentos difíciles sin que se conviertan en una fuente de agotamiento.

7. Reinterpreta la presión como una oportunidad de superación

La presión, cuando se percibe negativamente, puede generar una gran cantidad de estrés. Sin embargo, reencuadrar la presión como una oportunidad para demostrar nuestras habilidades y nuestra capacidad de adaptación permite reducir el estrés y convertirlo en una motivación para esforzarse más. Este cambio de percepción ayuda a ver cada situación demandante como una oportunidad para superarse y para probar nuestro potencial.

Por ejemplo, en lugar de sentir "demasiada presión" ante un proyecto importante, puedes decirte a ti mismo "esta es una oportunidad para demostrar de lo que soy capaz". Al ver la presión como una prueba en lugar de una amenaza, fortaleces la autodisciplina y aumentas la confianza en tus habilidades. Esta perspectiva positiva permite aprovechar el estrés como una fuente de energía que impulsa hacia el éxito.

La importancia de dormir bien

El sueño es uno de los pilares fundamentales para el bienestar físico y mental, y su impacto en el manejo del estrés y la autodisciplina es incuestionable. Dormir bien no solo ayuda a mantener altos niveles de energía, sino que también permite que el cerebro y el cuerpo se recuperen, lo cual es esencial para enfrentar las demandas diarias con claridad y motivación. En el contexto de la autodisciplina, el sueño desempeña un papel crucial, ya que afecta la capacidad de concentración, el autocontrol y la resiliencia ante el estrés. Sin un descanso adecuado, incluso las personas más disciplinadas pueden experimentar dificultades para mantenerse enfocados y motivados en sus metas.

Cuando el sueño es insuficiente, el cuerpo y el cerebro funcionan a un nivel inferior al óptimo, lo cual aumenta el riesgo de estrés, reduce la capacidad para manejar las emociones y dificulta la toma de decisiones. En este sentido, el sueño adecuado es un componente esencial para una autodisciplina efectiva y para el manejo del estrés, ya que permite que cada día se inicie con un estado físico y mental renovado.

El sueño y su impacto en el manejo del estrés

El sueño es el mecanismo de recuperación natural del cuerpo, y una de sus principales funciones es ayudar a reducir los niveles de cortisol, la hormona del estrés. Durante el sueño profundo, el cerebro elimina toxinas y procesa las experiencias emocionales, lo cual permite despertar con una sensación de renovación y calma. Cuando dormimos bien, el cuerpo y la mente se preparan mejor para enfrentar las situaciones estresantes del día, ya que el cerebro tiene la capacidad de responder con calma y claridad.

Por otro lado, la falta de sueño aumenta los niveles de cortisol y activa la amígdala, la región del cerebro asociada con las respuestas emocionales intensas, como el miedo y la ansiedad. Esta activación de la amígdala, combinada con el agotamiento físico y mental, hace que el estrés sea más difícil de manejar. Las situaciones cotidianas pueden parecer más desafiantes y agobiantes cuando no se ha descansado bien, lo cual genera un ciclo en el que el estrés se intensifica debido a la falta de sueño.

Al dormir bien, el sistema nervioso se recupera y se prepara para enfrentar los desafíos diarios con resiliencia y perspectiva.

Esto permite que el estrés no se convierta en un obstáculo para la autodisciplina y facilita el avance hacia las metas con una actitud positiva y equilibrada.

La relación entre el sueño y la función cerebral: Autocontrol y toma de decisiones

El sueño afecta directamente la función de la corteza prefrontal, que es la parte del cerebro responsable de la toma de decisiones, el autocontrol y la planificación. Estos son componentes esenciales de la autodisciplina y de la capacidad para trabajar hacia metas a largo plazo. Cuando dormimos bien, la corteza prefrontal funciona de manera óptima, lo cual facilita la concentración, el control de impulsos y la capacidad de tomar decisiones alineadas con nuestros objetivos.

Por el contrario, la falta de sueño afecta negativamente la corteza prefrontal, lo cual reduce la capacidad de pensar de manera lógica y estratégica. La falta de autocontrol resultante puede llevar a decisiones impulsivas y a una menor resistencia a las distracciones y a la procrastinación. Sin un descanso adecuado, es más difícil evitar la gratificación inmediata en favor de las metas a largo plazo, lo cual afecta la autodisciplina y dificulta el progreso.

Dormir bien es esencial para mantener el autocontrol y para asegurar que el cerebro esté en las mejores condiciones para tomar decisiones efectivas y alineadas con nuestras metas. Al estar bien descansados, es más fácil resistir la tentación de abandonar las responsabilidades y de perseverar en el camino hacia el éxito.

El sueño y la resiliencia emocional: Mantener la calma bajo presión

La falta de sueño tiene un impacto significativo en la regulación emocional, lo cual afecta la capacidad para mantener la calma bajo presión y para enfrentar el estrés sin desbordarse. Durante el sueño, el cerebro procesa las experiencias emocionales del día y se deshace de las tensiones acumuladas, lo que permite que las emociones se estabilicen. Este proceso es esencial para la resiliencia emocional, ya que permite despertar con una mayor capacidad de respuesta ante los desafíos y los conflictos.

Cuando el sueño es insuficiente, el sistema emocional se vuelve más reactivo, lo cual aumenta la probabilidad de sentir ansiedad, frustración o irritabilidad ante las dificultades. Esta reactividad emocional afecta la autodisciplina, ya que el estado emocional negativo interfiere con la capacidad de tomar decisiones racionales y de mantener el enfoque en las metas. La falta de sueño hace que los problemas parezcan más grandes de lo que realmente son y que el estrés se sienta más intenso.

Al dormir bien, la resiliencia emocional se fortalece, lo cual permite enfrentar los desafíos con una actitud calmada y centrada. Esta estabilidad emocional facilita el manejo del estrés y permite avanzar en las metas con mayor seguridad y confianza, lo cual es esencial para una autodisciplina efectiva.

Cómo mejorar la calidad del sueño para reducir el estrés y fortalecer la autodisciplina

- **Establece una rutina de sueño regular**: Mantener un horario constante de sueño, acostándote y levantándote a la misma hora todos los días, ayuda a regular el reloj interno del cuerpo. Esta rutina facilita el proceso de quedarse dormido y de despertar renovado, lo cual mejora la calidad del sueño y reduce el estrés.

- **Crea un ambiente propicio para el sueño**: El entorno en el que dormimos afecta profundamente la calidad del sueño. Es recomendable mantener la habitación oscura, tranquila y a una temperatura fresca. Reducir la exposición a luces artificiales, especialmente las luces azules de pantallas electrónicas, también ayuda a que el cuerpo se prepare para el descanso y a mejorar la calidad del sueño.

- **Evita la cafeína y otros estimulantes cerca de la hora de dormir**: La cafeína y otros estimulantes pueden interferir con la capacidad de dormir bien. Para mejorar la calidad del sueño, es recomendable evitar el consumo de estas sustancias al menos seis horas antes de acostarse. En su lugar, optar por bebidas calmantes, como una infusión de hierbas, puede facilitar el proceso de relajación.

- **Practica técnicas de relajación antes de dormir**: La práctica de técnicas de relajación, como la meditación, la respiración profunda o la lectura de un libro, ayuda a reducir los niveles de estrés antes de acostarse. Estas actividades preparan el cuerpo y la mente para el descanso, lo cual mejora la calidad del sueño y permite despertar con una sensación de calma y renovación.

- **Limita las siestas prolongadas durante el día**: Aunque una siesta corta puede ser beneficiosa, dormir durante largos períodos en el día puede afectar el sueño nocturno. Las siestas deben limitarse a un máximo de 20-30 minutos para evitar que interfieran con el ciclo de sueño y para asegurar un descanso profundo y reparador durante la noche.

La importancia de priorizar el sueño como parte de la autodisciplina

En un mundo que valora el rendimiento constante, es fácil caer en la trampa de ver el sueño como una pérdida de tiempo o como algo secundario. Sin embargo, el sueño es una parte fundamental del éxito y del bienestar. Priorizar el sueño es una manifestación de autodisciplina, ya que demuestra el compromiso de cuidar la salud física y mental para poder rendir al máximo cada día. El sueño no es un lujo; es una necesidad que nos permite funcionar a nuestro mejor nivel y que fortalece la capacidad de mantenernos enfocados y comprometidos en nuestras metas.

Al priorizar el sueño, estamos fortaleciendo la autodisciplina y asegurándonos de que cada esfuerzo que hacemos durante el día sea respaldado por un estado físico y mental óptimo. El descanso adecuado es esencial para mantener la motivación y la resiliencia, y nos permite avanzar en nuestras metas sin sacrificar la salud y el bienestar. En el camino hacia el éxito, el sueño es un aliado que garantiza que podamos enfrentar cada desafío con energía, claridad y una mente en calma.

El poder de una dieta balanceada

La alimentación juega un papel crucial en el manejo del estrés y en la autodisciplina. Una dieta balanceada no solo proporciona los nutrientes necesarios para el correcto funcionamiento del cuerpo, sino que también impacta directamente en el estado mental, el control emocional y la capacidad de mantener el enfoque. Cuando buscamos desarrollar y sostener la autodisciplina, la alimentación adecuada actúa como una base sólida que permite a la mente y al cuerpo rendir al máximo, disminuyendo el estrés y mejorando el bienestar general.

Los alimentos que consumimos influyen en el equilibrio hormonal, en el sistema nervioso y en los niveles de energía, todos factores que determinan cómo respondemos a las situaciones de presión y a los desafíos diarios. Una dieta balanceada que incluya una variedad de nutrientes es clave para manejar el estrés de manera efectiva y para mantener la motivación y la claridad mental, lo cual es fundamental para la autodisciplina.

La relación entre la alimentación y el manejo del estrés

El estrés y la alimentación están profundamente conectados. Cuando el cuerpo está bajo estrés, aumenta la producción de cortisol, la hormona del estrés, que en grandes cantidades puede afectar negativamente el estado físico y mental. Una dieta balanceada ayuda a regular los niveles de cortisol y a proporcionar los nutrientes que el cuerpo necesita para lidiar con el estrés sin caer en un estado de agotamiento. Además, ciertos alimentos pueden apoyar el sistema nervioso y mejorar la regulación emocional, lo cual facilita la respuesta ante situaciones estresantes.

Los alimentos ricos en antioxidantes, vitaminas y minerales, como el magnesio, las vitaminas del complejo B y los ácidos grasos omega-3, ayudan a reducir la inflamación y a proteger el cerebro de los efectos negativos del estrés crónico. Además, estos nutrientes mejoran la función cognitiva, la concentración y la estabilidad emocional, lo cual permite enfrentar los desafíos con una mayor calma y claridad. Al mantener una dieta equilibrada, fortalecemos el cuerpo para resistir los efectos del estrés y mantener la energía necesaria para trabajar de manera disciplinada hacia nuestras metas.

Por el contrario, una dieta alta en azúcares refinados, alimentos procesados y grasas saturadas puede aumentar los niveles de inflamación y de cortisol, lo que genera un estado de estrés constante y dificulta el funcionamiento mental. Estos alimentos afectan negativamente la capacidad de concentración y la regulación emocional, lo cual se traduce en una menor capacidad para manejar el estrés y en un descenso de la autodisciplina. Adoptar una dieta balanceada permite que el cuerpo y la mente se mantengan en un estado óptimo para enfrentar los desafíos diarios sin desgastarse.

Alimentos que ayudan a reducir el estrés y a mejorar la autodisciplina

- **Alimentos ricos en magnesio**: El magnesio es un mineral que desempeña un papel esencial en la relajación muscular y en la regulación del sistema nervioso. Consumir alimentos ricos en magnesio, como las espinacas, las almendras, las semillas de girasol y el aguacate, ayuda a reducir el estrés y a mejorar la estabilidad emocional. El magnesio también ayuda a reducir los niveles de cortisol, lo cual disminuye la ansiedad y permite enfrentar los desafíos con una mente más tranquila y equilibrada.

- **Fuentes de ácidos grasos omega-3**: Los ácidos grasos omega-3, presentes en pescados grasos como el salmón, la trucha y las sardinas, así como en las nueces y las semillas de chía, son esenciales para la salud cerebral y para la regulación del estado de ánimo. Estos ácidos grasos ayudan a reducir la inflamación y a proteger el cerebro de los efectos del estrés crónico, mejorando la concentración y la capacidad para manejar el estrés sin agotarse. Al consumir fuentes de omega-3 regularmente, fortalecemos la función cognitiva y la resiliencia emocional, dos factores clave para una autodisciplina efectiva.

- **Carbohidratos complejos**: Los carbohidratos complejos, como los que se encuentran en la avena, el arroz integral, las legumbres y las batatas, aumentan la producción de serotonina, un neurotransmisor que promueve la sensación de bienestar y relajación. A diferencia de los carbohidratos simples, que causan picos de azúcar en sangre y aumentan la ansiedad, los carbohidratos complejos liberan energía de manera gradual, lo cual ayuda a mantener el enfoque y a reducir el estrés a lo largo del día. Estos alimentos son ideales para sostener la energía y la motivación sin experimentar altibajos emocionales.

- **Frutas y verduras ricas en antioxidantes**: Los antioxidantes ayudan a combatir el estrés oxidativo y a reducir la inflamación en el cuerpo, lo cual es fundamental para mantener un sistema nervioso saludable. Frutas como las bayas, los cítricos y las uvas, así como verduras de hoja verde y brócoli, son ricas en antioxidantes y ayudan a proteger el cerebro de los efectos negativos del estrés. Incluir estos alimentos en la dieta permite que el cuerpo se recupere del estrés y que la mente mantenga una actitud positiva y motivada.

- **Proteínas magras**: Las proteínas magras, como las que se encuentran en el pollo, el pavo, el tofu y las legumbres, son importantes para mantener estables los niveles de azúcar en sangre y para proporcionar una fuente constante de energía. Consumir proteínas magras en cada comida ayuda a evitar los altibajos de energía y la irritabilidad, lo cual mejora la capacidad de concentración y el manejo del estrés. La estabilidad de energía que proporcionan las proteínas magras permite trabajar de manera disciplinada y avanzar hacia las metas sin sentir ansiedad o agotamiento.

- **Tés y bebidas naturales relajantes**: Ciertas bebidas, como el té verde, la manzanilla y la infusión de lavanda, tienen propiedades relajantes que ayudan a reducir el estrés y a promover la calma. Estas bebidas contienen compuestos naturales que mejoran el estado de ánimo y reducen los niveles de cortisol. Incorporar tés y bebidas relajantes como parte de la rutina diaria permite reducir la ansiedad y mantener la mente centrada y serena, lo cual es beneficioso para la autodisciplina.

Prácticas alimenticias para una autodisciplina sostenible y un manejo del estrés efectivo

- **Mantén horarios de comida regulares**: Comer a intervalos regulares a lo largo del día ayuda a mantener estables los niveles de azúcar en sangre, lo cual evita la fatiga y la irritabilidad. Cuando el cuerpo recibe alimentos en un horario constante, la mente se mantiene enfocada y la energía se distribuye de manera equilibrada, lo cual reduce el estrés y facilita el trabajo disciplinado.
- **Evita el consumo excesivo de cafeína y azúcares refinados**: La cafeína y los azúcares refinados pueden proporcionar un impulso de energía a corto plazo, pero también pueden generar picos de ansiedad y cansancio posterior. Estos altibajos afectan la capacidad para concentrarse y aumentan el estrés. Es preferible limitar el consumo de estas sustancias y optar por fuentes de energía más estables y naturales, como las frutas frescas y los carbohidratos complejos.
- **Practica la alimentación consciente**: La alimentación consciente implica prestar atención a cada comida, comer lentamente y disfrutar del sabor y la textura de los alimentos. Este enfoque reduce el estrés, ya que permite disfrutar del momento presente y evitar el consumo

excesivo. La alimentación consciente también mejora la digestión y permite que el cuerpo absorba mejor los nutrientes, lo cual contribuye a un estado de bienestar general que apoya la autodisciplina.

- **Hidrátate adecuadamente**: La deshidratación puede afectar negativamente el estado de ánimo y la capacidad de concentración, lo cual aumenta el estrés. Mantenerse bien hidratado es fundamental para que el cuerpo y el cerebro funcionen de manera óptima. Beber suficiente agua a lo largo del día ayuda a reducir la fatiga y a mejorar la capacidad de manejar el estrés sin dificultad.
- **Planifica tus comidas para evitar decisiones impulsivas**: La planificación de comidas permite tomar decisiones saludables de manera anticipada y evita caer en opciones poco nutritivas que pueden aumentar el estrés. Preparar comidas equilibradas y tener opciones saludables a mano reduce la carga mental y permite mantener una alimentación que favorezca la estabilidad emocional y el bienestar.

La alimentación como base para la autodisciplina y el bienestar emocional

Una dieta balanceada no solo proporciona los nutrientes que el cuerpo necesita, sino que también es una manifestación de autocuidado que fortalece la autodisciplina. Al alimentarse de manera equilibrada y consciente, se demuestra un compromiso con la salud física y mental, lo cual refuerza la capacidad de trabajar hacia las metas con energía y motivación. La alimentación saludable crea un ambiente interno en el que el cuerpo y la mente pueden rendir al máximo, permitiendo enfrentar el estrés de manera positiva y constructiva.

Incorporar una dieta balanceada como parte del estilo de vida disciplinado permite que cada día sea una oportunidad para avanzar en los objetivos sin sacrificar el bienestar. La alimentación adecuada contribuye a la estabilidad emocional y a la claridad mental, lo cual es esencial para tomar decisiones alineadas con las metas a largo plazo y para manejar el estrés con resiliencia.

Ejercicio físico

El ejercicio físico es una de las herramientas más efectivas para el manejo del estrés y un pilar fundamental en el desarrollo de la autodisciplina. La actividad física no solo mejora la salud del cuerpo, sino que también tiene un impacto positivo en la salud mental, la regulación emocional y la motivación. Cuando se practica de manera constante, el ejercicio físico ayuda a reducir los niveles de cortisol, la hormona del estrés, y promueve la liberación de endorfinas, que son responsables de la sensación de bienestar y felicidad.

Para quienes buscan cultivar la autodisciplina, el ejercicio físico es un recurso invaluable, ya que fortalece tanto el cuerpo como la mente. El compromiso con una rutina de ejercicio no solo genera beneficios fisiológicos, sino que también fomenta la resiliencia, la constancia y la capacidad de establecer y cumplir objetivos. Estos hábitos refuerzan la autodisciplina y nos ayudan a enfrentar los desafíos cotidianos con una mentalidad positiva y enfocada.

Cómo el ejercicio físico reduce el estrés

El ejercicio físico impacta el manejo del estrés de varias maneras. En primer lugar, reduce directamente los niveles de cortisol, lo cual permite que el cuerpo y la mente regresen a un estado de calma tras situaciones de tensión. El cortisol es útil en momentos de peligro o de alta demanda, pero cuando sus niveles permanecen elevados por mucho tiempo, genera una sobrecarga en el sistema nervioso, lo cual se traduce en agotamiento, ansiedad y reducción del bienestar general. Al hacer ejercicio, el cuerpo elimina el exceso de cortisol y ayuda a restaurar el equilibrio hormonal, lo cual disminuye la respuesta al estrés.

Además, el ejercicio físico estimula la liberación de endorfinas y de otros neurotransmisores, como la dopamina y la serotonina, que mejoran el estado de ánimo y crean una sensación de bienestar. Este "efecto de recompensa" ayuda a combatir los síntomas de estrés, como la ansiedad y la fatiga mental, y genera una sensación de satisfacción que es esencial para mantener la motivación y la autodisciplina. La combinación de una mente tranquila y un cuerpo activo permite que el estrés se disipe, facilitando así la capacidad para enfocarse en las tareas importantes y avanzar en los objetivos con claridad.

Otra forma en que el ejercicio físico ayuda a reducir el estrés es a través de la regulación de la respiración y el ritmo cardíaco. Actividades como correr, nadar o practicar yoga permiten que el sistema cardiovascular se adapte a cambios en la frecuencia cardíaca y en la respiración, lo cual aumenta la capacidad del cuerpo para manejar el estrés de manera efectiva. Esta regulación no solo reduce el estrés en el momento, sino que también permite que el cuerpo y la mente se vuelvan más resistentes a situaciones futuras de presión.

El ejercicio físico como herramienta de autodisciplina

Además de los beneficios para el manejo del estrés, el ejercicio físico es una herramienta que fortalece la autodisciplina de manera significativa. Al comprometerse con una rutina de ejercicio, las personas desarrollan hábitos de constancia y de esfuerzo que son transferibles a otras áreas de la vida. El ejercicio regular requiere perseverancia, organización y compromiso, cualidades que son fundamentales para la autodisciplina.

Cada sesión de ejercicio es una oportunidad para establecer y cumplir metas, ya sea mejorar el rendimiento, aumentar la resistencia o completar una rutina. Este proceso de fijar y cumplir metas fortalece la autodisciplina, ya que genera un hábito de progreso y superación personal. La motivación que surge del avance en el ejercicio físico se extiende a otras áreas, permitiendo enfrentar desafíos laborales o personales con la misma tenacidad y enfoque. Así, el ejercicio físico se convierte en una práctica integral que no solo fortalece el cuerpo, sino también la voluntad y la capacidad para alcanzar metas a largo plazo.

Además, el ejercicio físico enseña a manejar la incomodidad de manera saludable, lo cual es esencial para la autodisciplina. Los entrenamientos intensos requieren esfuerzo y tolerancia a la incomodidad, ya que exigen que el cuerpo y la mente trabajen más allá de su zona de confort. Este proceso de adaptación refuerza la capacidad para resistir la tentación de abandonar ante situaciones difíciles, lo cual es clave para desarrollar una autodisciplina resiliente.

Tipos de ejercicio recomendados para reducir el estrés y mejorar la autodisciplina

- **Ejercicio aeróbico**: Las actividades aeróbicas, como correr, nadar, andar en bicicleta o caminar, son especialmente efectivas para reducir el estrés. Estas actividades aumentan la frecuencia cardíaca de manera constante, lo cual estimula la liberación de endorfinas y ayuda a reducir los niveles de cortisol. El ejercicio aeróbico también mejora la resistencia física y mental, lo cual fortalece la capacidad de mantener la autodisciplina. La sensación de logro que se experimenta al completar una carrera o un recorrido largo ayuda a construir la autoconfianza y a establecer un compromiso con el bienestar.

- **Entrenamiento de fuerza**: Las rutinas de fuerza, como el levantamiento de pesas o el entrenamiento con resistencia, ayudan a fortalecer el cuerpo y a mejorar la autoestima. Este tipo de ejercicio permite ver resultados tangibles en la fuerza y en la condición física, lo cual aumenta la motivación y fomenta la autodisciplina. El entrenamiento de fuerza también requiere una técnica adecuada y una constancia que refuerzan el compromiso y la perseverancia, habilidades clave para mantener la disciplina en otros aspectos de la vida.

- **Yoga y Pilates**: Estas prácticas combinan movimiento físico con técnicas de respiración y de mindfulness, lo cual las convierte en actividades efectivas para reducir el estrés y mejorar la autodisciplina. El yoga, en particular, permite que el cuerpo y la mente se conecten de manera profunda, ayudando a calmar el sistema nervioso y a reducir la ansiedad. Al trabajar la flexibilidad y la fuerza a través de la respiración consciente, estas prácticas mejoran el enfoque mental y permiten enfrentar las tareas diarias con una mayor claridad y estabilidad emocional.

- **Entrenamiento de intervalos de alta intensidad (HIIT)**: El HIIT es una forma de ejercicio que combina períodos cortos de actividad intensa con descansos breves. Este tipo de entrenamiento ayuda a liberar endorfinas de manera rápida y a reducir el estrés, a la vez que mejora la resistencia y la capacidad de recuperación. El HIIT es ideal para quienes tienen poco tiempo, ya que en sesiones cortas permite experimentar un impacto positivo en el estado de ánimo y en la energía. La exigencia de esta rutina fortalece la autodisciplina, ya que requiere esfuerzo máximo en cada intervalo, lo cual genera una sensación de logro y satisfacción.

- **Deportes en equipo**: Participar en deportes en equipo, como el fútbol, el baloncesto o el voleibol, no solo ayuda a mejorar la condición física, sino también la capacidad de trabajo en equipo y de control emocional. Los deportes en equipo generan una motivación compartida y enseñan a manejar el estrés en situaciones de competencia y presión, lo cual es beneficioso para la autodisciplina. Al practicar deportes en equipo, se desarrollan habilidades de comunicación, compromiso y colaboración, lo cual fortalece la resiliencia y permite manejar el estrés de manera positiva.

Consejos para integrar el ejercicio físico en la rutina diaria

- **Establece metas realistas y progresivas**: Para que el ejercicio físico se convierta en una herramienta efectiva de manejo del estrés y autodisciplina, es importante establecer metas que sean alcanzables y que se ajusten a tu nivel actual de condición física. Iniciar con objetivos realistas, como hacer ejercicio tres veces por semana, permite construir un hábito sin generar estrés adicional. A medida que avances, puedes aumentar la frecuencia o la intensidad de los ejercicios.

- **Programa el ejercicio como una actividad prioritaria**: El ejercicio físico es tan importante como cualquier otra responsabilidad, por lo que debe ocupar un lugar en tu agenda. Programar el ejercicio en horarios específicos y mantenerlo como una prioridad permite que el hábito se fortalezca y que se convierta en una parte integral del estilo de vida. Esta constancia refuerza la autodisciplina y

permite que los beneficios del ejercicio se extiendan a
otras áreas de la vida.

- **Encuentra una actividad que disfrutes**: La mejor forma
de integrar el ejercicio en la rutina diaria es encontrar una
actividad que realmente disfrutes. Ya sea correr, nadar,
practicar yoga o levantar pesas, elige un ejercicio que se
ajuste a tus gustos y preferencias. Disfrutar de la
actividad facilita la motivación y hace que el hábito se
mantenga en el tiempo sin sentir que es una obligación.

- **Utiliza el ejercicio como una pausa activa**: Incorporar el
ejercicio como una pausa durante el día ayuda a reducir
el estrés y a mejorar la concentración. En lugar de hacer
una pausa pasiva, realizar ejercicios ligeros o una
caminata breve ayuda a despejar la mente y a regresar a
las tareas con mayor energía. Esta práctica mejora la
productividad y el enfoque, fortaleciendo la
autodisciplina en el trabajo y en otras actividades.

- **Monitorea el progreso y celebra los logros**: Llevar un
registro de los avances en el ejercicio, como el tiempo de
entrenamiento, el peso levantado o la distancia recorrida,
permite ver el progreso y motiva a seguir mejorando.
Celebrar cada logro, por pequeño que sea, refuerza la
autodisciplina y genera una satisfacción que ayuda a
mantener el compromiso con el ejercicio y con las metas
personales.

Conclusión

A lo largo de este libro, hemos explorado las múltiples facetas de la autodisciplina, entendida no solo como una herramienta para alcanzar metas, sino como una práctica consciente que nos permite vencer la procrastinación y mantenernos motivados en todas las áreas de nuestra vida. En el núcleo de esta transformación, hemos visto cómo la autodisciplina no surge simplemente de la fuerza de voluntad, sino de una comprensión profunda de nosotros mismos, de nuestros hábitos y de la manera en que el entorno y el estrés influyen en nuestra capacidad de acción.

La autodisciplina, unida a un propósito claro, puede convertirse en una fuerza imparable, en un viaje para fortalecer el control personal y convertir el esfuerzo constante en un camino hacia el éxito integral. Desde los primeros capítulos, comprendimos que el autoconocimiento es esencial para identificar nuestras metas y motivaciones reales. Saber qué nos mueve y reconocer nuestros patrones de procrastinación nos permitió diseñar estrategias para enfrentarlos, redefiniendo nuestra idea del éxito de manera personal y alineada con nuestro propósito.

Aprendimos que la autodisciplina no significa simplemente suprimir deseos o impulsos momentáneos, sino que es una herramienta práctica que se basa en el poder de la autoimagen y en la capacidad de construir una identidad acorde con nuestras aspiraciones. Esta identidad nos ayuda a mantener la constancia y a vernos a nosotros mismos como personas capaces de alcanzar nuestros objetivos.

En los capítulos dedicados a la formación de hábitos, descubrimos cómo transformar la autodisciplina en un estilo de vida mediante la creación de hábitos con propósito. Comprendimos cómo funciona el cerebro en el proceso de creación de hábitos y cómo nuestras acciones repetidas fortalecen las conexiones neuronales que hacen que el esfuerzo inicial se vuelva menos desafiante con el tiempo. Aprender a identificar y controlar los distractores, establecer anclajes de hábitos y practicar el progreso gradual nos enseñó que el verdadero poder de la autodisciplina radica en dar pequeños pasos constantes, transformando incluso las metas más ambiciosas en objetivos alcanzables. Esta metodología nos permitió ver que el camino hacia el éxito está en la constancia, no en la perfección.

Además, vimos cómo mantener la motivación es fundamental en el proceso de autodisciplina. Al identificar nuestras debilidades y entender nuestra verdadera fuente de motivación, pudimos ver la autodisciplina como una práctica sustentada en el autocontrol, la resiliencia y una mentalidad de crecimiento. Aprendimos a ver cada logro como una recompensa y a transformar los desafíos en oportunidades de aprendizaje. La gestión efectiva del tiempo y la habilidad para tomar decisiones estratégicas fueron otros elementos cruciales que nos permitieron abordar nuestras responsabilidades con enfoque, evitando la trampa de la perfección y recordando siempre el valor de decir "no" a aquello que nos desvía de nuestros objetivos.

Por último, exploramos cómo el estrés afecta la autodisciplina y cómo manejarlo para mantener el enfoque y la motivación.

Aprendimos que el estrés, si se maneja adecuadamente, no es un enemigo, sino una señal que puede servirnos para redoblar esfuerzos y mantener el compromiso. La importancia de un descanso adecuado, una dieta balanceada y una rutina de ejercicio nos mostró que el cuerpo y la mente trabajan en conjunto para sostener una autodisciplina sólida. Cuando cuidamos de nuestra salud física y emocional, fortalecemos la resiliencia y el autocontrol, dándonos la capacidad de enfrentar las dificultades y de mantenernos firmes en nuestros objetivos.

Al llegar a la conclusión de este viaje, queda claro que la autodisciplina, cuando se practica con propósito, es una herramienta poderosa para transformar la vida. No es solo un medio para alcanzar metas específicas, sino una forma de vivir con intención y congruencia. La autodisciplina nos permite mirar hacia adelante con confianza y nos da la capacidad de elegir, de manera consciente, el tipo de vida que queremos construir. Al cultivar una autodisciplina auténtica, arraigada en un propósito claro, cada acción cobra sentido y cada logro nos acerca a la realización personal y al éxito que verdaderamente deseamos.

Recuerda: cualquier meta es alcanzable y cualquier sueño puede convertirse en realidad.

¡Nos vemos pronto!